Hinrich C. G. Westphal (Hrsg.)

Wie die Träumenden

Das Helmut Thielicke Lesebuch

Bibelzitate sind der Lutherbibel 1912 entnommen.

Durchgesehene, überarbeitete und gekürzte Ausgabe
des 1998 erstmals im Quell Verlag erschienenen Buches
„Das Helmut Thielicke Lesebuch".

© 2013 Brunnen Verlag Gießen
www.brunnen-verlag.de
Umschlaggestaltung: Ralf Simon
Satz: DTP Brunnen
Druck: CPI – Ebner & Spiegel, Ulm
ISBN 978-3-7655-4208-4

Inhalt

Vorwort 7

Krone der Schöpfung? – Gott und Ebenbild
Gottesfrage 11 | Die Macht der Sterne 13 | Erhabenheit 16 | Krone der Schöpfung? 18 | Dunkle Schwelle 21 | Ursache des Bösen 23 | Gottes Schuld? 26 | Ironie 29 | Herz aller Dinge 31 | Wunder 34 | Sabbatruhe 36 | Hunde 39 | Stoßgebet 41

Im Herzen des Menschen verborgen – Schuld und Würde
Hölle 45 | Himmel 47 | Glauben im Huckepack 49 | Menschen wie wir 51 | Sinnlosigkeit 52 | Haltung und Halt 55 | Brücken 58 | Vertrauen 60 | Sokratisches Fragen 63 | Wer bin ich? 66 | Fremde Würde 69 | Beim Namen gerufen 72 | Stürmische Freude 75 | Zeitgenossenschaft 77 | Glaube und Vernunft 80 | Humor und Weltüberwindung 83 | Fülle des Lebens 86

Was die Angst überwindet – Gesetz und Liebe
Geborgen und gelassen 91 | Gesetz und Gnade 93 | Liebe als Echo 96 | Neuer Anfang 99 | Menschlich gesehen 100 | Zeugnis 103 | Wer ist mein Nächster? 104 | Wunden verhindern 106 | Warum? Wozu? 107 | Angst überwinden 110 |

Schöpferische Liebe 113 | Freiheit 116 | Heimkehren 120 | Gewohnheit 123 | Feindesliebe 126 | Unser tägliches Brot 128 | Die weiße Weste 131

Von einem Liebenden durchschaut – Leiden und Vergebung
Dein Wille geschehe 137 | Jesu Leiden 140 | Leid der Welt 143 | Heimatlos – geborgen 146 | Der Auferstandene 149 | Meine eigene Schuld 152 | Liebe macht finderisch 155 | Durchschaut 158 | Sünde – Sünder 160 | Vergebung 161 | Königliche Freiheit 164 | Ohne mich? 166

Das Salz der Erde – Nachfolge und Gottesdienst
Kompass 173 | Gottes Brief 176 | Gereifte Kirche? 179 | Stillehalten 182 | Lachen über das Vorletzte 186 | Würdenträger 188 | Gott vom Ende her loben 190 | Salzkraft 192 | Dummheit 195 | In der Minderheit 197 | Das Wunder der Kirche 200 | Gottesdienst 203 | Kein betendes Land 205 | Mehr als Philosophie 206 | Unser Vater 209 | Auf sein Wort hin 212 | Herzpunkt der Welt 215 | Positiv beten 217 | Den Frieden im Rücken 220 | Ein zwiespältiges Herz 222 | Eindeutigkeit 225

Segnende Berührung – Neuer Geist und letzte Heimkehr
Neuer Geist 231 | Offenbarung 234 | Experiment des Glaubens 237 | Erfüllung 240 | Der Herr ist nahe 242 | Warten 244 | Silvesternacht 247 |

Der große Sabbat 250 | Unser Name 253 | Ewige Gemeinschaft 255 | Weltüberwindung 258 | Auferstehung des Fleisches 260 | Wo sind unsere Toten? 262 | Nur eine Lache 265 | Wie die Träumenden 266 | Abschied 268 | Die letzte Heimkehr 269

Quellenverzeichnis 271
Lebensstationen Helmut Thielickes 272

Vorwort

Liebe Leserin, lieber Leser,
Helmut Thielicke (1908–1986), den ich an der Hamburger Universität und später in unserer „Projektgruppe Glaubensinformation" intensiv kennenlernte, war ein faszinierender Theologe. Als Professor zeigte er uns in den Vorlesungen und in seinem siebenbändigen wissenschaftlichen Werk auf eindrucksvolle Weise, dass Glauben und Denken zusammengehören.

Er besaß einen mitreißenden Humor, den er für eine Spielart der Religion hielt, und zeigte im „Dritten Reich" einen Glaubensmut, der ihm die Absetzung als Dozent sowie ein Reise- und Redeverbot einbrachte. Mit seinen berühmten Predigten im bombenbedrohten Stuttgart und später in der Hamburger Hauptkirche St. Michaelis ermutigte Thielicke Tausende von Zuhörern.

Für das vorliegende Lesebuch habe ich aus dreizehn seiner Predigt- und Meditationsbände einige Texte ausgewählt und zusammengetragen. Ich bin überzeugt, dass seine Bilder und theologischen Grundaussagen auch heute aktuell und hilfreich sind.

Neben dem hoch geschätzten Wissenschaftler gab es auch den weniger bekannten Helmut Thielicke, der ein einfühlsamer Seelsorger in Gefängnissen und an Krankenbetten war, zumal er sich selbst nach lebensbedrohlichen Krankheiten als demütiger frommer Christ verstand. Nicht ohne Grund war das Gleichnis vom verlorenen Sohn seine Lieblingsgeschichte. Für seine eigene Beerdigung suchte er sich den Bibelspruch aus: „Da hatte der Herr Erbarmen mit seinem Knecht und ließ ihn frei, und seine Schuld erließ er ihm auch" (Matthäus 18,27).

Was uns nach unserem Tod erwartet, wusste der kundige Theologe natürlich selber nicht. Seine Autobiografie „Zu Gast auf einem schönen Stern" beendete er jedoch mit den Worten: „Das Land, in das wir gerufen werden, ist eine Terra incognita, ein unbekanntes, ja unvorstellbares Land. Nur eine Stimme gibt es, die wir wiedererkennen werden, weil sie uns hier schon vertraut war: die Stimme des guten Hirten." Wir wissen also nicht, was uns einmal erwartet, aber wir kennen den, der uns erwartet.

Dass diese Gewissheit die christliche Hoffnung ausmacht, soll auch der Buchtitel ausdrücken: Wir werden sein „Wie die Träumenden …".

Ich wünsche mir, dass auch diese (leicht gekürzte) Taschenbuchausgabe etwas von dem Trost und der Hoffnung des christlichen Glaubens vermitteln kann.

Hamburg im Frühjahr 2013
Hinrich C. G. Westphal

Krone der Schöpfung?

Gott und Ebenbild

Gottesfrage

Warum fühle ich mich einsam und unverstanden? In der Regel lasse ich dieses Gefühl ja nicht aufkommen. Da ist der Fernsehapparat am Abend, und morgen habe ich eine Party. Ich fühle mich natürlich sehr äußerlich, nur an der Peripherie meines Wesens dadurch engagiert, aber immerhin: Man vergisst sich dabei etwas. Doch auf einmal ist der Apparat kaputt, oder ich habe einen Schnupfen und kann nicht ausgehen. So muss ich allein sein. Dann weiß ich nichts mehr mit mir anzufangen, und die Leere meines Lebens elendet mich an und lässt mich ins Grübeln kommen. Wer steht mir denn eigentlich wirklich nahe? Wer wäre denn wirklich für mich da, wenn es mir einmal dreckig ginge, wo entstünde denn wirklich eine Lücke, eine unausgefüllte Stelle, wenn ich ausfiele?

Wie anders wäre das, wenn ich beten könnte, wenn also ein Du da wäre, das mir sagt: „Fürchte dich nicht" oder „Ich habe dich bei deinem Namen gerufen, du bist mein" oder „Friede sei mit dir". Ob also meine Einsamkeit nicht wirklich etwas damit zu tun hat, dass ich Gott verloren habe? Und ob nicht auch meine Ehe, meine Freundschaften, die ich nicht habe und die ich doch so gerne schlösse, nicht anders würden, wenn ich gelassener wäre, wenn ich mehr in mir selber ruhte, wenn ich weniger misstrauisch und verkrampft wäre, kurz: wenn ich aus dem Frieden Gottes käme und wenn von mir die Gelöstheit eines Menschen ausstrahlte, der sich von Gott versorgt und mit einem befreiten Gewissen beschenkt weiß? Ob nicht wirklich alles ganz anders aussähe, wenn diese Frage, wenn die Gottesfrage bei mir bereinigt wäre?

[I,140]

Die Macht der Sterne

Der Schöpfungsbericht spricht in eine Welt hinein, die ganz von der Astrologie und vom Glauben an das Horoskop bestimmt ist. Das ist ähnlich wie heute, wenn wir an die astrologischen Ratgeber unserer Zeitungen und an das Schlagwort „Die Sterne lügen nicht" denken. Wie viele lesen heute ihre Tagesprophezeiungen, wie man in frömmeren Zeiten die Losungen der Brüdergemeine las.

Dieser astrologische Glaube sagt, dass der Lauf der Gestirne das Leben auf unserer Erde bis ins Kleinste bestimmt und dass auch unser Leben unter der Herrschaft der Gestirne steht. Wir leben also unter der Diktatur von kosmischen Zwangsläufigkeiten und haben nur sehr begrenzte Spielräume für unser Handeln zur Verfügung. So sehen die damaligen und die heutigen Menschen in ihre Horoskope, um herauszubekommen, was ihnen bevorstehe und was man vielleicht machen könne, um die Chancen einer günstigen Konstellation noch besser auszunutzen oder einem drohenden Planeten noch halbwegs zu entkommen. Heute ist es in mancher Hinsicht noch schlimmer als damals, denn heutzutage sorgt ein Heer von geschäftstüchtigen und windigen Schreiberlingen, die sich heimlich ins Fäustchen lachen, dafür, dem armen und verirrten Häuflein Mensch ein bisschen verlogenen Optimismus auf diesem Weg einzuträufeln und seiner Lebensangst einige kümmerliche Trösterchen zuteilwerden zu lassen.

Gegen diese Schicksalsangst angesichts der Planeten, gegen diese Diktatur des vergötzten Kosmos protestiert der Schöpfungsbericht der Bibel, wenn er uns sagt: Die Sterne haben keine Macht. Sie haben bestimmte Funktionen zu erfüllen, haben Tag und Nacht abzuteilen – und damit basta! Von dort her ist wohl auch der abwertende Unterton zu verstehen, mit dem die Bibel von Sonne und Mond als bloßen Lampen spricht. „Die Gestirne sind in keiner Weise lichtschöpferisch, sondern durchaus nur Zwischenträger eines Lichtes, das auch ohne sie und vor ihnen da war" (Gerhard von Rad). Sie haben also nur etwas weiterzugeben, was sie selbst gar nicht erzeugt haben. Sie sind bloße Treuhänder des Lichtes, sozusagen kosmische Diakone, die in Dienst gestellt sind und keinen eigenen Willen haben.

Das Licht selbst aber stammt von Gott. Er ist es, der seine Hand unmittelbar im Spiele hat, und er ist von keinem Planeten und auch von keinen anderen Kräften der Natur abhängig.

Ob wir das Tröstliche dieser Botschaft recht verstehen? Ich will es in einigen Sätzen zu verdeutlichen suchen: Das Schicksal meiner Kinder, meine berufliche Karriere, der Verlauf meiner Krankheit – das alles hängt nicht von dem toten Kreislauf der Gestirne oder von sonstigen anonymen Zwischenmächten, von schwarzen Katzen, Glückszahlen, Maskottchen oder nächtlichen Träumen ab, sondern das alles stammt, genau wie das Licht der Welt, von dem Herrn ab, der sein majestätisches „Es werde" spricht. „Es kann mir nichts geschehen, als was er hat ersehen und was mir selig ist."

Was mir also auch immer geschehen mag, es ist einer da, der sich etwas dabei denkt. Und dieser Eine ist kein gefühlloser Feuerball wie die Sonne, sondern er hat ein Herz, das mich sucht und das auch seinerseits meine heimlichsten Worte und Seufzer, meine Sehnsüchte und meine Ängste annimmt.

[XI,35f]

Erhabenheit

Wer seinen Gott in der Natur und im Kosmos sucht, begegnet im Grunde einem unwirklichen Gespenst. Dieser Gott ist so groß und so fern, dass er mich kaum noch angeht. Wer hat denn schon (Hand aufs Herz!), wenn er eine sonnendurchflutete Waldlichtung betrat oder wenn ihn abends das Heer der Sterne mit ihren Lichtjahren überwältigte, wer hat da schon jemals gelobt, dass er sein Leben ändern wolle? Wem hat hier schon je das Gewissen geschlagen? Wer ist hier irgendwann einmal von seiner Erbärmlichkeit überwältigt worden und ist als eine neue Kreatur in seine Familie und an seine Arbeitsstelle zurückgekehrt? Ein paar fromme Schäuerchen, die einem da kommen können (das sei gerne eingeräumt), können die Weichen meines Lebens nicht umstellen. Und wenn sie verflogen sind, bin ich der gleiche alte Adam, und meiner Sünden Maienblüte duftet und wuchert wie eh und je. Sag mir, wie erhaben du dir Gott vorstellst, und ich will dir sagen, wie egal er dir ist. Das könnte ein theologischer Lehrsatz sein. Der Gott der Erhabenheit ist auch erhaben über mein Privatleben.

Es ist ja merkwürdig, aber es ist so: Nur weil Gott sich kleiner macht als die Milchstraßen, weil er in meinem kleinen Krankenzimmer ist, wenn ich keine Luft kriege, weil er meine kleinen Sorgen versteht, die ich auf ihn werfen darf, weil ihm die Bitte eines Kindes um einen Roller mit Ballonreifen nicht zu gering ist, weil Jesus Christus mein bisschen Angst und meine persönliche Schuld auf sich lädt, darum wird Gott für mich etwas, das mich angeht.

[II,52]

Krone der Schöpfung?

Ich glaube nicht, dass es nur Einbildung ist, wenn ich meine: An der Stelle der Schöpfungsgeschichte, wo das Thema „Mensch" zum ersten Mal auftaucht, gibt es so etwas wie eine Stockung im Fluss der Erzählung. Da rastet gleichsam etwas ein. Vorher hieß es in monumentaler Eintönigkeit immer: Gott sprach, Gott schuf, Gott machte. Nun aber geht die Komposition dieser Geschichte gleichsam in eine andere Tonart über. Gott hält nämlich inne; er führt ein Selbstgespräch mit sich und sagt: Lasset uns Menschen machen, ein Bild, das uns gleich sei.

Man könnte fast so etwas wie ein Zögern oder gar ein Zurückzucken herausspüren. Auf jeden Fall aber ist es eine Art verhaltenen Atemholens, wie wir es von uns selbst kennen, wenn wir an das entscheidende Stück irgendeiner Arbeit herangehen, auf deren Gelingen uns alles ankommt. Da halten wir inne und nehmen Abstand. Vielleicht erlebt es ein Dachdecker so, der einen Kirchturm mit Schindeln bedeckt hat und nun noch in einer letzten riskanten Anstrengung den Hahn auf seiner Spitze anzubringen hat; oder ein Dichter, der darangeht, die Haupt- und Schlüsselszene in sein Drama hineinzukomponieren.

Wenn Gott innehält, ehe er den Menschen in die Schöpfung einfügt, dann spüren wir das Risiko, das damit verbunden ist:

Geht es bei den Menschen um die Krönung der

Schöpfung, oder geht es um ihre Kreuzigung? Erreicht die Schöpfung ihren Gipfel, wenn ihren Kreaturen jetzt ein Wesen zugesellt wird, das sich über die Dumpfheit des Unbewussten erhebt, das wissend und willensbegabt, das als Partner und Mitarbeiter Gottes unter seinem Schöpfer leben darf – oder ist mit der Erschaffung dieses Wesens „Mensch" die erste Stufe in einem unerhörten Gefälle betreten, in einem Gefälle, das aus dem Garten Eden zu einer verwüsteten und beunruhigten Erde führt, das aus dem Kind und Ebenbild Gottes einen Räuber und Rebellen werden und durch ihn Krieg und Kriegsgeschrei auf die fernsten Planeten tragen lässt?

Krönung oder Kreuzigung der Schöpfung – das ist hier die Frage. Und man begreift das Innehalten, man versteht das Zögern Gottes. Gott steht vor einem Risiko. Ist es nicht ein atemraubender Gedanke, ist es nicht fast blasphemisch, so etwas auch nur zu denken?

Und doch ist es ja so. Indem Gott sich ein Wesen gegenüberstellt, dem er Freiheit und Macht schenkt, riskiert er es, dass aus dem Kind ein Nebenbuhler, dass aus dem Geschöpf ein größenwahnsinniger Konkurrent des Schöpfers wird. Dann kommt es vielleicht zu jenem Augenblick, der uns in Goethes „Faust" geschildert wird, wo der Mensch sich durchaus nicht dankbar dessen erinnert, dass er Ebenbild seines Schöpfers sein darf, sondern wo er sich in die Brust wirft: „Ich Ebenbild der Gottheit!", oder wo er gar wie Prometheus von seiner Gottebenbürtigkeit schwärmt.

In diesem Wagnis Gottes, durch das er sich an den Menschen bindet und sich der Möglichkeit aussetzt, von ihm geschmäht, missachtet, verleugnet, übersehen zu werden, in diesem Wagnis blitzt zum ersten Mal seine Liebe auf. Gott setzt sich gleichsam selbst ein. Er ist bereit zu jenem Schmerz, den der Vater leidet, wenn er den verlorenen Sohn in die Fremde ziehen, wenn er seinem Herzen tiefe Wunden beibringen lässt und wenn er das Kind seiner Schmerzen dennoch nicht aufgibt. In Jesus Christus ist diese Linie vollendet. Da hat sich Gott selbst seinen rebellischen Kindern ausgesetzt, hat sich ihnen preisgegeben und hat sein Liebstes an ihnen und für sie sterben lassen.

[XI,60f]

Dunkle Schwelle

Ich erinnere mich noch genau an eine Nacht des letzten Krieges. Auf einer Höhe bei Stuttgart lagen etwa zwanzig Jungen eines Gymnasiums in Stellung und bedienten eine Flakbatterie. Sie wollten gerne, dass ich ihnen Religionsunterricht gäbe. Weil das aber verboten war und sie ihre Bitte nicht erfüllt bekamen, waren sie bis zu einem hohen Befehlshaber vorgedrungen und hatten schließlich durch ihren Schwung und ihre Unverdrossenheit die Zustimmung des hohen Herrn erreicht. So wanderte ich nun immer zu ihnen hinaus; wir saßen um die Kanone herum und sprachen über die letzten Dinge.

Diesmal hatten sie mich aus einem anderen Grund rufen lassen. Ihre Stellung war von einem Tiefflieger angegriffen worden, und der Vater eines der Flakhelfer, der gerade zu Besuch dort weilte, war tödlich getroffen worden, während sein Junge die Kanone bediente.

In einem Leiterwägelchen fuhr der Junge seinen toten Vater weg. Die kleinen Kerle, denn das waren sie doch, drängten sich nun in tiefer Erschütterung um mich herum, beinahe wie Küken. Sie waren ganz durcheinander und suchten bei einem Älteren Schutz vor einer Welt, deren dunkles Rätsel sie auf einmal und zum ersten Mal angesprungen hatte. Ich redete ihnen gut zu, obwohl ich selbst recht hilflos war.

Aber nun kam das, dessentwegen ich diese Erinnerung überhaupt berichte: Bei meinem Heimweg lag das Mondlicht über dem stillen Tal, die weißen Blüten der Bäume schimmerten in seinem Licht auf, und es war namenlos still. Die Welt war wie „eine stille Kammer, wo ihr des Tages Jammer verschlafen und vergessen sollt".

Ich erwähne das nicht aus Romantik oder um einen sentimentalen Effekt zu erzielen, sondern weil diese Stunde für mich ein Gleichnis war für die dunkle Schwelle, die der Mensch nach dem Bericht vom Sündenfall überschritten hat.

Vor mir lag die scheinbar so heile Welt einer Frühlingsnacht, aber ihr Friede tat mir in jenem Augenblick geradezu weh. Ich wusste nämlich, dass der Friede der Natur trügt und dass ich eben noch, umgeben von einem Blütenmeer, mit Jungen geredet hatte, in deren Augen das Grauen stand und die tapfer ihre Tränen hinunterschluckten.

Nein, diese Welt war nicht heil. Sie war es deshalb nicht, weil der Mensch mit seinen Mordinstrumenten in sie eingebrochen war und ihr den Frieden geraubt hatte. Und wird es nicht immer so weitergehen: Wie lange werden die Menschen, wenn sie von Angst gepeinigt sind, sich noch im Anblick des gestirnten Himmels und seiner majestätischen Ruhe erholen können? Wird der Mensch nicht mit Raumschiffen und kosmischen Spionen auch diese Ruhe stören?

[XI,121f]

Ursache des Bösen

Wer die Frage aufwirft, wie das Böse in die Welt gekommen sei, fragt von sich weg. Er will die Ursache des Bösen finden. Ein Böses aber, das verursacht ist, ist ja gar kein Böses mehr, sondern ist nur noch Schicksal und zwangsläufiger Prozess.

Ich frage also letzten Endes gerade nicht nach der Ursache des Bösen, obwohl ich so tue, sondern ich will das Böse mit dieser Frage aus der Welt schaffen, ich will sagen: Es hat sich eben so „ergeben". Wenn es sich aber ergeben hat, dann bin ich nicht mehr die Ursache, dann bin ich nur noch Wirkung eines Schicksalsprozesses und bin Opfer tragischer Verkettungen. Ich will mich selbst rechtfertigen, ich will von mir selbst ablenken.

Nur unter einer einzigen Bedingung nehme ich meine Schuld und also das Böse ernst. Wenn ich nämlich sage: Ich, ich allein bin die erste Ursache. Ich bin es, den seine Leidenschaft über die Leiche seines Nächsten gehen lässt; ich bin es, der lügt und tötet, der seinem wilden Blut freie Bahn gibt, der seinen Nächsten für sein bisschen Glück zu opfern bereit ist. Ich bin es, ich allein.

Ich muss eben „ich" zu meiner Erbmasse und zu jenem Nervenbündel sagen, das ich vielleicht bin. Das ist unser menschliches Geheimnis.

Auf die Frage, wie das Böse in die Welt gekommen sei, kann es also deshalb keine Antwort geben, weil die Frage selbst falsch gestellt ist, mehr noch, weil sie eine raffinierte Tendenzfrage ist, mit deren Hilfe ich einen Druckposten zu beziehen wünsche. Ich will das Böse „ableiten" und es darum zum Schicksal machen. Ich will Opfer und will kein Angeklagter sein. Ich will rufen „Haltet den Dieb!" und derweilen in fröhlicher Unschuld weiter stehlen.

Darum ist der echteste Augenblick der Sündenfall-Geschichte nicht jene Szene, wo Adam und Eva ihre Schuld „abzuleiten" versuchen, wo sie nach Ursachen angeln und mit der Kausalität herummanipulieren. Indem sie so die Schuld abzuleiten versuchen, fahnden sie nur nach einem Blitzableiter für das göttliche Gericht.

Nein, der echteste Augenblick in unserer Geschichte ist jener Moment, wo die beiden getarnt und mit schlechtem Gewissen hinter dem Gebüsch versteckt sind und wo sie ganz genau wissen: Ich, und ich allein, bin es, der jetzt gemeint ist, wenn Gott ruft: „Adam, Mensch, wo bist du?" Ich, und ich allein, bin des Gerichtes schuldig. Das große Verschiebespiel, das wir nun als letzten Verzweiflungsakt versuchen wollten, ist schon im Ansatz verloren ...

Im Garten Eden waren zwei Menschen, die sich verteidigten, weil Gott ihr Angreifer war.

Wo Jesus Christus ist, da wird das alles anders. Da ist es mein eigenes Gewissen, das mich verklagt, und Jesus Christus ist mein Verteidiger (Luther). Und weil er dieser Verteidiger ist, brauche ich mich nicht mehr zu verteidigen. Darum brauche ich mir keine Illusionen mehr über mich selbst zu machen und kann auf das große Verschiebespiel verzichten. Er ist es ja, der mich vor meinem eigenen Gewissen in Schutz nimmt, denn er sagt mir: Das, was hinter dir liegt, und die peinlichen Verzeichnisse über das, was in deinem Leben nicht stimmt, die habe ich alle zerrissen. Ich habe die Fetzen deiner verfehlten Lebensgeschichte an mein Kreuz geheftet. Mich interessiert es einfach nicht mehr, was du hinter dir hast. Mich interessiert nur noch, was ich aus dir machen will. Verklage dich nur selbst, aber vertraue darauf, dass ich zu dir halte, auch und gerade dann, wenn du dich selbst verachten musst. Wenn man für jemanden stirbt, dann gibt man ihn nicht mehr her.

Hier hört dann das Verschiebespiel unseres Lebens wirklich auf, hier verstummt auch die Frage, wie das Böse in die Welt gekommen ist.

Nicht, dass die Frage „gelöst" wäre. Für eine Frage, die falsch gestellt ist, kann es ja gar keine Lösung geben. Aber ich bin davon „erlöst".

[XI,168-171]

Gottes Schuld?

Wie kann Gott das zulassen? Ich habe noch im Ohr, wie mir während des Bombenkrieges diese Frage manchmal in größter Traurigkeit und manchmal auch in frechem Hohn gestellt wurde. Ein Flammenmeer wütete über der Stadt. Menschen rannten als lebendige Fackeln über die Straße. In den Kellern erstickten die Kinder. Die „Gustloff" mit Tausenden von Flüchtlingen versank. Dresden ging in Grauen und Todesangst unter. Und immer kam todsicher diese eine Frage: Wie kann Gott das zulassen?

Haben wir einmal darüber nachgedacht, dass alle derartigen Hexensabbate nichts anderes waren und sind – und in vielleicht kommenden Atomkatastrophen auch wieder sein werden – als eben Ausdrucksformen jenes Schindluders, das der Mensch mit seinem Geschenk der Freiheit treibt? Dass das alles missbrauchte Vollmachten sind, dass es das verprasste Kapital des Vaters und im Grund nichts anderes als die geschändete Gabe Gottes ist?

Die Frage „Wie kann Gott das zulassen?" könnte für uns auch eine sehr aktuelle Zuspitzung gewinnen und etwa so geäußert werden: „Warum lässt Gott die Tyrannen und großen Quälgeister der Menschheit zu, warum schlägt er sie nicht tot?" Doch das wäre eigentlich, wie Dorothy Sayers, die bekannte Kriminalautorin sagt, „eine etwas fernliegende Frage. Warum, meine Dame, hat er Sie nicht mit Stummheit und Blödsinn bestraft, bevor Sie vorgestern jene unbegründete und ungütige Verleumdung in die Welt setzten? Oder mich, bevor ich mich meinem wohlmeinenden Freund gegenüber so peinlich rücksichtslos benehmen konnte? Und warum, mein Herr, ließ er Ihre Hand nicht über dem Gelenk abfaulen, bevor Sie Ihren Namen zu jenem schmutzigen, kleinen Betrug hergaben? So war es nicht gemeint, sagen Sie? Aber warum eigentlich nicht? Sind etwa Ihre Missetaten und die meinigen weniger hässlich, weil unsere Möglichkeiten, Schaden anzurichten, weniger ins Auge fallen als die gewisser anderer Leute? Oder wollen Sie behaupten, dass Ihre Taten und die meinigen Gott zu unbedeutend sind, als dass er sich damit plagen wollte? Das könnte eine zweischneidige Sache sein, denn in diesem Fall dürfte es für seine Schöpfung wunderbar wenig ausmachen, wenn er uns beide morgen auslöschte."

Wenn wir also fragen: „Wie kann Gott das zulassen?", wenn wir uns heimlich zuraunen, dass Gott der Hauptschuldige sei, dass die von ihm gelieferte Ware „Schöpfung" nichts tauge und dass er vor ein Gericht zu zerren sei, wo die Mütter der Erschlagenen, wo die Waisen und Witwen der jämmerlich Zugrundegegangenen ihn verklagen könnten – ich meine, wenn wir uns dies alles zuraunen, dann verrät sich hier wiederum jenes verhängnisvolle Talent des Menschen, einen Blitzableiter für seine eigene Schuld zu suchen: Gott ist schuldig, Gott ist schuldig! Es ist immer dieselbe Tour und derselbe Ton.

Müsste nicht eigentlich auch der verlorene Sohn

an seinem Schweinetrog rufen: Warum hat der Vater mich gehen lassen? Warum hat er mir mein Erbe ausgezahlt? Warum hat er mich nicht an eine bewahrende Kette gelegt? Nun ersticke ich an meiner Freiheit, die ich missbrauchte.

Aber gerade weil der verlorene Sohn das nicht versuchte und das Verschiebespiel mit der Schuld nicht betrieb, krallte er sich nicht in der Fremde fest. Eben deshalb, weil er sagen konnte: „Ich bin hinfort nicht mehr wert, dass ich dein Sohn heiße", durfte er heimkommen, und der Vater kam ihm sogar entgegen.

[XI,255f]

Ironie

In dem Augenblick, wo der babylonische Turm fertig ist und der Mensch die Legitimation für seinen Götterrang erbracht zu haben scheint, bricht in der alten Bibel zum ersten Male so etwas wie ein Anflug von Humor durch, und ich kann das hier nur mit einem gewissen christlichen Vergnügen sichtbar machen:

Gott der Herr hat es nämlich spitzbekommen, dass die Menschen ihm auf den Leib zu rücken gedenken und seinen Thron besetzen wollen. Und nun kommt's: „Da fuhr der Herr hernieder, dass er sähe die Stadt und den Turm, die die Menschenkinder bauten."

Ob wir das Gelächter Gottes aus diesen Zeilen herausspüren?

Nicht wahr: Gott ist doch eigentlich „allwissend" und muss folglich wissen, was auf der Erde vorgeht. Er kennt doch jedes Haar, das von unserem Haupt, und jeden Sperling, der vom Dach fällt. Aber trotz aller Allwissenheit wird er nun doch nicht klug aus dem, was den Menschen mit ihrem Riesenbauprojekt, mit der Idee von einem Himmelsturm, in den Sinn gekommen ist. Nein, Gott wird wirklich nicht klug daraus, denn dieser Turm ist zu weit weg. Er wirkt vom wirklichen Himmel aus zu klein, und Gott kann ihn mit bloßem Auge nicht sehen. Er muss wirklich sehr winzig sein, dieser Turm, wenn selbst der allwissende Gott ihn nicht ohne Brille und Fernrohr zu sehen vermag.

So berät er sich denn mit seinem himmlischen Königshof und fasst den Entschluss, sich extra hinunterzubemühen, um eine Lokalinspektion auf Erden vorzunehmen.

Wenn das keine Ironie ist, dann weiß ich nicht, was überhaupt Ironie sein soll. Die Menschen hatten doch gemeint, so riesig gebaut zu haben, dass Gott der Atemraum zu eng würde und ihm die Luft wegbliebe. Sie meinten doch: Wir tollen prometheischen Burschen brechen mit unserer Turmspitze in die himmlische Domäne Gottes ein.

Vom wirklichen Himmel aus gesehen aber ist das alles so mikroskopisch klein, so wichtelmännisch und so winzig, dass er es mit bloßem Auge nicht sehen kann. „Aber der im Himmel wohnt, lachet ihrer, und der Herr spottet ihrer." Von Gott aus gesehen sieht alles ganz anders aus. Das ist ein bleibender Trost, den uns diese alte Chronik mit ihrem hintergründigen Lächeln zuwinkt.

[XI,277f]

Herz aller Dinge

Es ist im Grunde ganz einfach: Wenn die Welt das Werk Gottes ist, dann kann ich dieses Werk eben nur von seinem Autor her verstehen. Vieles bleibt mir dann freilich auch noch rätselhaft. Ich werde es zum Beispiel nie verstehen können, warum Menschen, die ein Leben voller Liebe und Sinn gelebt haben, verkalkt und schauerlich reduziert in den Altersheimen dahindämmern müssen. Ich werde es nie verstehen, warum eine junge Mutter von ihren Kindern wegstirbt und ein großer Künstler mit seinem Wagen an irgendeinem Chausseestein zerschellt. Wenn ich nur das sehe und dann bemüht bin, aus solchen Rätseln einen göttlichen Sinn herauszuquetschen, kann mich nur Verzweiflung packen; oder aber ich flüchte mich in deutende Illusionen, weil ich die schreckliche Härte des Gegebenen nicht ertrage.

Mache ich es dagegen, wie gesagt, umgekehrt, wage ich also jenem Herzen zu vertrauen, das Gedanken des Friedens über uns denkt, dann ist mir zwar nicht verheißen, dass ich den Zusammenhang „verstehen" könnte, in dem diese Gedanken Gottes mit den Rätseln des Lebens und mit seinen dunklen Zufällen stehen. Wohl aber ist mir gesagt, dass ich diesem Herzen „vertrauen" darf und dass es sich selbst niemals untreu wird, dass es also Gedanken der Liebe und nicht des Leides sind, die über mir gedacht werden. Ich weiß wirklich nicht, was Gott mit diesem oder jenem Rätselhaften will, aber ich vertraue dem, der es weiß. Ich selbst weiß nur eines: dass er in allem, auch dem Dunkelsten, der Liebende bleibt. Ich weiß es ganz einfach deshalb, weil dieser eine Mensch Jesus Christus keinen andern Gedanken als den der Liebe in sich trug.

Wenn wir so vom Herzen Gottes aus denken, dann gehen wir nicht nur mit andern „Augen" durch die Welt, sondern wir „handeln" auch anders. Gott verändert nicht nur unseren Aspekt des Lebens, sondern er greift auch durch uns in das Leben selbst ein. Er will es durch uns verwandeln, und er will, dass seine Christen die Revolutionäre der Welt sind.

Wenn Gott durch uns etwas ausrichten will, wenn seine Christen Revolutionäre der Welt sein sollen, dann fängt das nicht mit großen kulturkritischen Gedanken und Programmen an, sondern dann beginnt das in meinen eigenen vier Wänden, dann hebt es an mit der Art, wie ich mich mit den Meinen zu dem verhalte, worin mir das Technische begegnet; wie ich es mit dem Fernsehen halte und mit meinem Auto im Straßenverkehr und mit den Tabletten, durch die ich mich beruhigen oder aufputschen lasse. Mit alledem hat Gott zu tun: Indem ich vor dem Fernsehschirm sitze oder hinter dem Steuer, stehe ich zugleich vor seinem Angesicht. Gott ist nicht nur auf den Kanzeln und den Altären; sein Wort ist nicht nur in Predigten und Chorälen, sondern es ist mitten unter die alltäglichsten Dinge gemischt. Er ist im Kino und auf der Straße, an den Fließbändern und unter den Neonleuchten. Die Gegenwart Gottes ist grenzenlos. Sie ist das Herz aller Dinge.

Und doch finde ich dieses Herz nicht in den Dingen selbst, sondern es ist so: Wenn ich das Herz gefunden habe, dann verstehe ich die Dinge. Und dann gehe ich mit neuen Augen durch die Welt. Auch meine Hände und meine Gedanken bekommen neue Programme und neue Aufgaben. Ich werde buchstäblich ein neuer Mensch, voller Glück und voll neuer Impulse. Was das Leben zu sein vermag, das wird mir dann klar. Das Herz Gottes ist der strategische Punkt, von dem aus ich mein Leben bewältigen kann und an dem sich entscheidet, ob mir dieses Leben gelingt (ob es mir selbst im Scheitern und Untergang gelingt).

Ein Kind, das den lieben Gott um ein Schaukelpferd oder um gutes Wetter für den Ausflug bittet, macht die Weisen zu Narren, weil es mit seinen kleinen Händen auf das größte Gut weist, auf das Herz des himmlischen Vaters, das sich ja selbst in einem Kinde offenbart hat, in einem Kind, das in der Krippe lag.

[II,58-63]

Wunder

Ich war früher mehrere Jahre gelähmt, und die Kunst der Ärzte war am Ende. Da kam plötzlich die Nachricht, es sei ein Medikament erfunden worden, das diese Krankheit, wenn nicht heilen, so doch ungefährlich machen könne. Und tatsächlich: Das Medikament hat mich damals aus vermeintlicher Unheilbarkeit herausgerissen und mit einem Schlage wieder arbeits- und bewegungsfähig gemacht. Ich glaube, niemand wird es für verstiegen halten, wenn ich im Glück dieser unerwarteten Wiedergesundung sagte: „Das hat der Herr getan, und es ist ein Wunder vor meinen Augen." Meine Ärzte sagten es mit mir. Was war hier geschehen?

Nun, ich war kritisch genug eingestellt, um mir zu sagen: Die Sache ist im Grunde höchst natürlich zugegangen. Es haben sich einfach mehrere Kausalitätsketten gekreuzt. Auf der einen Seite schritt meine Krankheit mit eiserner Notwendigkeit auf den letzten Punkt zu. Dieses Schlussstadium war physiologisch berechenbar und stand sozusagen gemäß den Kausalitätsgesetzen fest. Ganz unabhängig davon lief aber irgendwie in der Welt noch eine ganz andere Kausalitätskette. Irgendwo nämlich war in irgendeinem Labor irgendein Forscher, der gar nichts von mir wusste, fieberhaft an der Arbeit, um diese Krankheit zu bekämpfen. Und im entscheidenden Augenblick, wenn nicht im letzten, haben sich beide Kausalitätsketten gekreuzt. Obwohl aber alles so natürlich zuging, konnte ich nicht anders, als sagen: „Das hat der Herr getan." Er war es, der diese Ketten so gefügt hat, dass sie sich in diesem Augenblick treffen mussten.

„Wer ist es, der auf Erden solch Zerstören anrichtet?", fragt der Psalmist (Psalm 46,9), obwohl sich doch politische Ursachen genug anbieten, aus denen man Krieg und Zerstörung im Sinne des Gesetzes von Ursache und Wirkung erklären kann. „Wer gibt Wachstum und Gedeihen", wer tut seine „milde Hand auf und sättiget alles mit Wohlgefallen"? Zerstören und Bauen, Krieg und Frieden, Scheiden und Wiedersehen, Krankwerden und Gesundwerden: Es ist alles natürlich und in sich zusammenhängend. In den Krankengeschichten unserer Kliniken pflegt der Name Gottes nicht vorzukommen, auch wenn die Chefs Christen sind. Aber obwohl es so natürlich ist und auf plausible Weise zusammenhängt, kann ich das Wunder der Nähe Gottes bekennen: „Der Herr hat's gegeben, der Herr hat's genommen, der Name des Herrn sei gelobt."

[II,71f]

Sabbatruhe

Das Ziel der Schöpfung ist nicht der ewige Umtrieb des zeugerischen Lebens und die unablässige Dramatik der Geschichte. Wenn es heißt: „Machet euch die Erde untertan", dann besagt das eben nicht: Schafft eine reiche, leistungsfähige Kultur, schafft soziale Perfektion, wandelt mit eurer Technik die wilde Natur in ein Gehäuse der Zivilisation, überwindet den Angriff der Natur, vertreibt die Winterkälte, erleuchtet die Nächte, überquert die Ozeane und greift nach den Sternen!

Das Wort „Machet euch die Erde untertan!" bedeutet vielmehr: Wenn ihr nun so der Schöpfung euer Gepräge gebt, so sorgt dafür, dass euer menschliches Leben und eure Kultur nicht zum Zeichen eurer ewigen Unruhe und eures verblendeten Titanentums werden, sondern dass sie Dank und Antwort sind an den, der euch diese Erde geschenkt hat. Sorgt, dass alles, was ihr tut, nicht sein Thema verfehlt, sondern dass es Anteil an dem behält, der alles geschaffen hat, und dass ein Widerschein seiner Ruhe darauf fällt. Sonst wird euch die Gabe eurer Weltherrschaft zwischen euren Händen zerrinnen. Ihr werdet Gehetzte und Geächtete eures eigenen Werkes werden. Eure Unruhe und eure Gier werden euch verzehren, bis ihr die Erde, statt sie zu unterwerfen, zur Hölle gemacht habt, und bis ihr, statt dem Himmel zugewandt zu sein, einen Turm wider den Himmel baut – ja, bis ihr die Sintflut provoziert und am Ende eure Erde in den Himmel hineinsprengt.

Über aller Unruhe unseres menschlichen Tuns und Werkens, über allem Streben und Schaffen, Wirken und Kämpfen muss uns so der Thron Gottes sichtbar bleiben, in dem er gelassen und ruhevoll den Sabbat der Schöpfung feiert. Nur wer diesen Thron der Ruhe sieht, empfängt jene Gelassenheit, die ihn aus allem Getümmel auf den Horizont der Welt blicken lässt, dorthin also, wo die rätselhafte Welt in den höheren Gedanken eines Herzens gründet, das unser gedenkt, und wo sie aus diesen Gedanken heraus ins Dasein gerufen wird. Zugleich wird er auf jenen anderen Horizont blicken, wo diese Welt einmal am letzten Tag wieder bei ihm ankommen wird.

Über allen Irr- und Zickzackwegen, die wir zwischen den Horizonten des ersten und letzten Sabbattages der Welt abgehen und „abirren", steht die große Gelassenheit Gottes, die alle Unruhe in ihren Frieden einbettet. „Der Herr ist in seinem heiligen Tempel, es sei vor ihm still alle Welt!"; sie sei still vor ihm in der Hektik des Wirtschaftswunders und des Weihnachtsbetriebes und der Konjunktur; sie sei still vor ihm in der grauen Einöde der Diktaturen und im Ansprung des Terrors; sie sei still vor ihm unter Raketen und Atombomben. Gott ist in seinem Heiligtum.

Es gibt so etwas wie Gelassenheit in aller Unruhe und Frieden in aller Nervosität. Sie ist dann ein Widerschein jener Stille des Schöpfers. „Was soll uns denn das ewige Schaffen! Geschaffenes zu nichts hinwegzuraffen?", sagt Mephistopheles in der Sterbestunde Fausts und deutet auf die Unruhe, die selbst dann noch über diesem Sterben liegt, als „der Zeiger fällt". Wo die Stille des Schöpfers regiert, wird das Nichts besiegt, in dem all unsere vergebliche Unruhe endet. Denn dann sind wir einer Geborgenheit zugeordnet, in der es nichts Verlorenes und keine Verlorenheit mehr gibt.

Von der Sabbatruhe des Schöpfers empfängt auch unser Ausruhen, unser Feiern und empfängt jede sonntägliche Stille ihren Sinn. Das bedeutet: Wir sind gehalten, nicht blindwütig darauflozuschuften und der Raserei eines überspannten Pflichtgedankens zu verfallen, uns also kaputtzumachen, womöglich noch im Namen Gottes oder im Namen irgendeines Diene-Ethos. Wir sind aber aufgefordert, innezuhalten, Zäsuren in den Ablauf unserer Arbeit einzufügen und am Thema unseres Lebens neu Maß zu nehmen.

[XI,112-114]

Hunde

Auf meiner Reise nach Amerika und zurück hatten wir beide Male einen Hund auf unserem Schiff. Und auf der langen Überfahrt habe ich beide gründlich beobachtet und über sie nachgedacht. Auf der Hinfahrt war es ein großer Schäferhund, den sein Herrchen der Schiffsbesatzung mitgegeben hatte, während er selbst das Flugzeug benutzte. Das Tier war vom Jammer der Kreatur geschüttelt. Ich habe es oft gestreichelt und ihm gut zugeredet, aber es half nichts. Es lebte in einer fremden Welt und wusste nicht, wie sein Abenteuer ausging und ob es mit der vertrauten Hundewelt nicht endgültig aus war. Hier gab es keine Bäume, und wie schrecklich ist allein das schon für einen Hund! Alles roch fremd und unheimlich, und überall war die Welt an einem Geländer zu Ende. Draußen aber war das Feindliche. Da war für einen Hund das schlechthinnige Nichts. Er ahnte auch nicht, ob dieses Fremde je einmal aufhören würde und ob es noch einmal irgendwo Bäume und andere Hunde oder gar den vertrauten Geruch seines Herrchens geben würde. Man konnte ihm ja auch gar nicht klarmachen, dass diese fremde Schiffswelt unter dem Gesetz der Navigation stand und dass dieses blau gekleidete, zweibeinige Wesen, das ihm manchmal zusprach und vier goldene Armstreifen hatte, den Kurs kannte und den Termin wusste, an dem das alles zu Ende sein würde. Der arme Hund war zu einer kreatürlichen Form des

Nihilismus verurteilt. Er trieb im Leeren und in einer endlosen Qual.

Auch auf der Rückfahrt hatten wir einen Hund, und obwohl er nur ein Schoßhund war und eine „halbe Portion", obwohl er ein bisschen degeneriert war und seine verkümmerten Beinchen zitterten, so war er doch unvergleichlich getrösteter. Denn er hatte sein Frauchen bei sich. Auch er vermisste die Bäume und wusste nicht, was mit dieser fremden Welt los war. Aber wenn sein kleines Hundeherz allzu bänglich bibberte, dann sah er mit einem rührenden Blick, ich möchte sagen, mit einem kreatürlichen Vertrauen sein Frauchen an, als wenn er sagen wollte: „Wo du bist, kann es ja nicht ganz so schlimm und ausweglos sein. Denn du bist doch ein höheres Wesen. Du hättest dich doch nicht in diese abstruse Welt, an der meine ganze Hundeweltanschauung zerbricht, hineinbegeben, wenn es nicht eines Tages damit zu Ende wäre und wir wieder in einer vernünftigen Welt mit Gerüchen, wie sie sich gehören, landen würden."

Nicht nur aus dem Munde der Säuglinge, auch aus dem Blick von Hunden kann Gott sich ein Lob zurichten.

[III,278f]

Stoßgebet

Was geschieht denn eigentlich in mir, wenn ich mich als jemand, der sonst der Welt des Gebetes fernsteht, in der Not plötzlich dabei ertappe, dass ich durch ein Stoßgebet Verbindung mit Gott aufnehme? Wenn wir ehrlich sind, müssen wir einräumen, dass es uns dabei nicht darum geht, die Hand des Vaters zu suchen und im Windschatten seines Friedens vor jenen Stürmen geborgen zu sein, die uns umtosen. Wir reden eigentlich gar nicht den Vater dabei an, sondern nur unseren knurrenden Magen oder die Bomben, von denen wir bedroht sind, oder das Krebsgeschwür in unserem Leib, das wir fürchten. Ist das Brot dann da und sind wir wieder satt, ist die Geschwulst wegoperiert und unser Wohlbehagen wieder zurückgekehrt, so ist die Gebetsfrage für uns plötzlich nicht mehr aktuell. Sie schläft einfach wieder ein. Offenbar war es nicht der Geist Gottes, der uns hatte rufen lassen: „Abba, lieber Vater!", sondern unsere Nerven waren es, die uns das Brot und die Granaten und das Geschwür als falsche Götter vorgegaukelt haben. Unsere Nerven haben uns veranlasst, in Form eines Stoßgebetes nichts Geringeres als einen kleinen Beschwörungszauber zu vollziehen.

Wer aber zu beten (wirklich zu „beten") entschlossen ist, der muss nach der Hand Gottes greifen, nicht nach den Pfennigen in seiner Hand. Wem es nur um die Pfennige geht, dem wird die Hand gleichgültig, nachdem er seinen Tribut empfangen hat. Denn dem war die Hand nur Mittel zum Zweck, damit sie ihm sein Trinkgeld gab oder ihn durch eine Gefahr hindurchriss. Danach stößt er die Hand wieder zurück. Denn sie ist nun zu nichts mehr nütze, sie hat ihre Schuldigkeit getan und kann sich zurückziehen.

Wenn wir Gott zum bloßen Popanz unserer Wünsche machen (auch wenn das auf die fromme Tour und in Gestalt eines Gebetes geschieht), dann verschließt er seinen Himmel, und wir sehen uns in das Schweigen unseres unerlösten Lebens zurückgeworfen. Wir sagen dann vielleicht, wenn es so stumm um uns wird: „Gott schweigt" oder auch: „Gott ist gar nicht da". Er ist wohl wirklich nicht mehr da, tatsächlich: Er ist wirklich nicht mehr da – aber keineswegs deshalb, weil es ihn nicht gäbe, sondern – wie Léon Bloy einmal sagt – weil er sich „zurückgezogen hat" (Dieu se retire).

Auch Paulus kann Andeutungen in ähnlicher Richtung machen. Wir haben um eines Augenblickserfolges willen, vielleicht weil unsere Nerven uns einen Streich spielten, die segnende Hand Gottes zurückgestoßen und uns nach den Pfennigen gebückt, die ihr dabei entfielen.

[I,125f]

Im Herzen des Menschen verborgen

Schuld und Würde

Hölle

Genauso wenig, wie es eine Lokalisierung der Hölle gibt, kann man auch Termine nennen, an denen sie für uns begänne. Die Hölle ist durchaus nicht nur der Zeit nach dem Tode oder nach dem Jüngsten Gericht zugeordnet, sondern sie kann uns schon (wie Luther gern betont hat) hier und jetzt in ihr dämonisches Kraftfeld ziehen. Denn sie ist die Gottferne in jeder Gestalt. Sie ist die äußerste Verlassenheit.

Wer keinen Halt mehr hat und keinen Sinn mehr erkennt und ins Bodenlose stürzt, der weiß, was „Hölle" ist. Der Verlust des liebsten Menschen, die Schlussqualen der Multiplen Sklerose, der Anblick eines bestialisch ermordeten Kindes: Das alles brauchte noch nicht die Hölle zu sein, solange ich die väterliche Hand halte, die sich in mein Dunkel reckt. Aber wenn ich in meinen Schmerzen weder den Sinn erkenne noch die Hand jenes Einen halte, der den Sinn weiß und dessen höheren Gedanken ich vertrauen kann, dann kommt es wirklich zu jener kritischen Ladung von äußerer und innerer Qual, die die „Hölle" sein kann. Denn das Schreckliche an der Hölle sind nicht die Brandblasen, die man an ihren angeblichen Feuern bekommt, sondern das Schreckliche an ihr ist das völlige Verstoßensein ohne Hoffnung und die verzehrende Gewissensqual, die keine Vergebung kennt.

Wenn es wirklich diese Möglichkeit des absoluten Scheiterns, des Verstoßenseins gibt, dann trifft mich der Anhauch dieses Schrecklichen schon jetzt und hier, und dann wird es zu einer Aktualität, die mein Leben verändern kann. Dazu bedarf es dann keineswegs so sadistischer Vorstellungen wie der, dass man auf höllischen Rösteisen gegrillt wird. Es kommt mir entscheidend darauf an, dass wir das begreifen: Jetzt stehen wir vor der Möglichkeit jenes Scheiterns und der unrevidierbaren Verfehlung unseres Lebensthemas. Jetzt wandern wir am Rande des tödlichen Kraters.

Eine sehr bekannte und bedeutende Frau erzählte mir einmal von ihrem kleinen achtjährigen Sohn, den die Frage von Himmel und Hölle sehr beschäftigte, wie das ja manchmal bei Kindern der Fall ist. Bei Tisch sagte er zu einem Diplomaten, den er in einen Disput darüber verwickelte: „Ich glaube nicht, dass es eine Hölle gibt; und Papa und Mama glauben es auch nicht." Der Diplomat, der durch die Zitierung der hochgestellten Eltern etwas in Verlegenheit gebracht war, wollte trotzdem nicht „kneifen" und ging auf den kindlichen Ton seines kleinen Tischgenossen ein, als er erwiderte: „Ja, wenn es keine Hölle gibt, wohin sollen dann die bösen Menschen kommen?" Da sagte der kleine Prinz: „Die bösen Menschen kommen auch ins Paradies, nur mit traurigem Herzen."

So einfach lassen sich diese Dinge tatsächlich sagen. Denn der kleine Mann gehörte zu jenen Unmündigen, aus deren Munde sich Gott ein Lob zurichtet: Das traurige Herz, das Gott gesehen hat und nicht mehr zu ihm kommen kann, das und nichts anderes ist die Hölle.

[II,157-159,168]

Himmel

Einmal, so wird berichtet, traf sich der amerikanische Kosmonaut Glenn mit seinem sowjetischen Kollegen Titow. Der ideologisch offenbar wohlgeschulte Russe fragte den Amerikaner mit etwas süffisantem Lächeln: „Sind Sie auf Ihrem Raumflug vielleicht dem lieben Gott begegnet?" Der also Angeredete erwiderte: „Der Gott, an den ich glaube, ist nicht von der Art, dass man ihn aus der Luke eines Raumschiffes sehen könnte." Ob der Sowjetmann durch diese Antwort wohl zu einer kleinen Nachdenklichkeit angeregt wurde? Ob seine Feststellung: „Ich habe im All keinen Mann mit einem langen Bart gesehen" ihm danach vielleicht genau so töricht vorkam, wie uns Heutigen die Bemerkung des Pathologen Rudolf Virchow erscheint: „Ich habe unzählige Leichen seziert, aber nie die Seele gefunden"? Werden hier nicht, wenn man so unkontrolliert dahergeredet, ganz verschiedene Dimensionen des Seins durcheinandergebracht?

Die englische Sprache hat es hier leichter, sorgsamer und genauer zu unterscheiden. Denn sie hat zwei ganz verschiedene Begriffe für den Himmel: einen für den atmosphärischen Himmel, den die Meteorologen bei ihren Wetterkarten meinen und der auch uns vor Augen steht, wenn wir nachts zum sternenübersäten Firmament aufblicken oder wenn wir im Dünensand liegen und uns braun brennen lassen. Dann reden sie von „sky". Aber daneben haben sie ein anderes Wort für Himmel, „heaven", das keine kosmische, sondern eine geistliche Dimension bezeichnet und vom Thron Gottes spricht. Dieser Himmel ist nicht einfach „oben", sodass man die Augen zu ihm erheben müsste, sondern er umgibt uns von allen Seiten.

Der Himmel ist kein oberer Raum, in den wir aufblicken, sondern der Hintergrund unseres Daseins. Und er ist die alles umgreifende Herrschaft Gottes, in der wir mittendrin stehen.

Wenn man das einmal erfasst hat, wird einem klar, dass der Himmel als Raum nur eine Vorstellungsweise darstellt, die mit der gemeinten Sache selbst keineswegs identisch ist. Wir müssen ja auch sonst im Leben immer wieder unterscheiden zwischen der Sache, die wir meinen, und der Vorstellung, die wir uns davon machen. Ein Kind kann sich wohl tatsächlich Gott nur als einen alten Mann mit einem langen Bart vorstellen. Warum auch nicht? Aber wenn es älter wird, merkt es schon, dass das nur ein kindliches Bild gewesen ist, mit dessen Hilfe es sich Weisheit, Güte, Geborgenheit und das Wunder eines väterlichen Herzens „vorstellte". Und wie wir das Bild der Vater-Gestalt zu überwinden lernen, ohne damit doch das Wunder des väterlichen Herzens preiszugeben, so müssen wir auch mündig genug werden, um den Himmel als bloßen „Raum" (als den „blauen" Himmel in unserer Fantasie) zu liquidieren und um Gott nicht in der Höhe, sondern in der Tiefe des Seins zu suchen.

[II,240-242]

Glauben im Huckepack

Vor einiger Zeit sagte jemand einem Freund: „Seit dem Krieg kann ich nicht mehr glauben. Ich habe zu viel Finsternis gesehen. Aber ich lebe davon, dass es Menschen gibt, die glauben können." Er blickte also gleichsam auf Stellvertreter, die beten können und denen das Vertrauen geschenkt ist, das ihm selber versagt zu sein schien.

Auch ich habe es manchmal erlebt, dass jemand für seine Person zwar keinen Glauben praktizierte, dennoch aber die nicht missen mochte, die von diesem Glauben leben. Es war fast wie ein Huckepack-Unternehmen: Man fuhr geistlich nicht mit eigenem Dampf, man ließ sich sozusagen von anderen mitnehmen und lebte mit von dem, was diesen zuteilwurde. Es war wie ein Schmarotzertum höherer Ordnung. Das ist sicher ein sehr unmündiger, fast ein infantiler Glaube, der kaum noch den Namen verdient. Und doch gibt es Augenblicke, wo wir alle, auch die sogenannten gestandenen Christen, leer und ausgebrannt sind, wo wir „nichts fühlen von seiner Macht" und wo die Finsternis des Nichts uns wie ein Strudel in sich hineinziehen will. Dann fällt uns nichts Erbauliches mehr ein, und selbst unser Gebet sinkt mit müden Schwingen wieder von der Zimmerdecke herunter. Dann kann der Moment gekommen sein, wo es uns wichtig wird, dass andere glauben und dass wir in ein Gebet hineinkriechen, das andere formuliert haben und das wir irgendwo gedruckt finden. Dann kommt die Stunde des „Huckepack-Glaubens".

Sprechen wir nicht deshalb auch das Gebet des Herrn nach, weil es von jemandem stammt, der aus jener Nähe Gottes kommt, die uns versagt ist? Oder wir lesen einen Choral, vielleicht Paul Gerhardts „Befiehl du deine Wege". Wir lesen ihn in tiefster Betrübnis und Ausweglosigkeit, ohne die Spur einer eigenen Kraft, und lassen uns eben dann von Paul Gerhardts Glauben huckepack nehmen. Und hat Zacharias es nicht ebenfalls so gemacht, wenn er die großen Glaubenden aufzählt, die Gottes Herrlichkeit erfuhren? War nicht auch er manchmal von lauter Hoffnungslosigkeiten umstellt?

Vielleicht ist dies das Letzte, was uns bleibt, wenn die dunklen Wogen übermächtig werden wollen: dass es eine Gemeinde gibt, die lobt und dankt und die stellvertretend für mich ihre Hände erhebt, während ich selbst keinen Ton mehr herausbringe oder auf einem Krankenlager oder als Sterbender meiner Gedanken und Worte nicht mehr mächtig bin.

Um mich herum lebt Jesus Christus in seinen Zeugen. Ihr Lobpreis darf nie verstummen, auch wenn das eigene Herz tot und der Mund versiegelt ist. Zwischen mir und jeder Finsternis steht Jesus Christus, und es gibt kein Dunkel, mit dem jenes Licht nicht fertigwürde, dessen Anbruch der Lobgesang des Zacharias bezeugt.

[I,225f]

Menschen wie wir

Wenn wir die großen Zeugen der Bibel hören, dann begegnen wir ja keineswegs Leuten, die durch faszinierende Erlebnisse geprägt sind, durch Erlebnisse, die wir so nicht haben: Leuten in einer strahlenden Gewissheit und Selbstsicherheit, die uns heute unerschwinglich ist. Sondern wir sehen lauter Menschen, die aus der Tiefe rufen (wie wir!), die von Schicksalen umzingelt waren, die Gott infrage zu stellen schienen (wie wir!) und die sich dennoch unter Schmerzen und namenlos getröstet zur Gewissheit jenes Bundes durchrangen, den Gott ihnen zugesagt hatte, und zu der „herzlichen Barmherzigkeit", die ihnen wie ein leuchtendes Gestirn zur Orientierung diente, wenn das Dunkel des Lebens sie umfing.

Es ist ein namenloser Trost, in dieser Gesellschaft zu sein: nicht also unter Heroen des Geistes oder des Glaubens, die souverän über alle Erdennot erhaben sind (als ob es das überhaupt gäbe!), sondern unter Menschen wie du und ich, die verzweifeln müssten, wenn Gott sie mit seinem Frieden nicht immer wieder umfinge. Nicht unter Heiligen und moralischen Renommierexemplaren, sondern unter schwachen und unterliegenden Menschen, die aber immer neu aufgerichtet werden. Denn sie glauben der Versicherung, dass ihnen die Sünden vergeben sind und dass weder Tod noch Leben, weder Gegenwärtiges noch Zukünftiges sie von der Liebe Gottes scheiden darf.

[I,222f]

Sinnlosigkeit

„Gott ist tot", das heißt jedenfalls: Er ist uns gestorben, er ist abwesend, er bedeutet uns nichts mehr. Die Welt ist sich selbst und ihren eigenen Gesetzen überlassen. Das und nichts anderes ist der Grund dafür, dass es das blinde Würfelspiel des Zufalls und dass es sinnloses Leiden gibt. Darum hat auch das Leiden des Blindgeborenen und erst recht das so viel größere Leiden der vergasten Juden keinen Sinn, sondern es beruht nur auf willkürlichen, eben zufälligen Überschneidungen von Kausalitätsketten. Und aus diesem Grund (dieses Wort fiel 1965 auf dem Kölner Kirchentag) kann man nach Auschwitz nicht mehr das Loblied singen: „... der alles so herrlich regieret." Was wir erlebt haben, ist nur ein Exzess des Wahnsinns, aber es ist weiß Gott nicht „herrlich" und ist weiß Gott auch kein Zeichen dafür, dass wir „regiert" werden. Wir sind allein, dem Spiel von Kraft und Stoff überlassen. Wir sind allein, so sagt Jean Paul, in der „weiten Leichengruft des Alls".

Wer von uns wagt gegenüber diesen ehrlichen Verzweiflungen noch den Mund aufzutun? Wer ist aus der konventionellen Gemeinde überhaupt bereit, diese Rufe aus der Tiefe, diesen Schrei aus der Gottesfinsternis auch nur zur Kenntnis zu nehmen?

Die theoretischen Argumente, die man gegenüber dieser Vision der Leere geltend machen könnte, wollen einem im Halse stecken bleiben. Selbst das biblische

Wort gegenüber den Rätseln des Menschengeschicks: „Was ich tue, das weißt du jetzt nicht, du wirst es aber hernach erfahren", selbst dieses Wort will uns kaum über die Lippen.

Nur einer, so meine ich, hätte das Recht und dann auch die Legitimation, dieses „Dennoch" des Glaubens zu sprechen und den lebendigen Gott in seiner Anwesenheit zu bezeugen – allen Wüsten des Schweigens und aller Sinnlosigkeit zum Trotz. Dieser eine müsste ein Christ sein, der das Lob Gottes mitten im finstern Tal selbst zu singen vermocht hätte, in jenem Augenblick also, wo ihn kein väterliches Antlitz, sondern wo ihn nur die Fratze des seelenlosen Schicksals anzublicken, anzustarren schien. Wer diesen Lobgesang anzustimmen vermochte beim Eintritt in die Gasöfen und unter den Folterungen der Henker, wer das könnte: der allein hätte den Spuk und den Albtraum vom Tod Gottes vollmächtig widerlegt und zum leeren Schaum degradiert. Dem allein könnten wir den Satz „... der alles so herrlich regieret" noch abnehmen.

Carl Zuckmayer berichtet in seinen Erinnerungen von einem katholischen Pfarrer, der im KZ Ravensbrück jeden Morgen, wenn der Pfiff zum Wecken aufschrillte, mit lauter, über den Lagerplatz hallender Stimme das Gloria Patri sang – allen Prügeleien und Quälereien zum Trotz, die er täglich dafür auszuhalten hatte. Und Heinrich Grüber erzählt in seiner Biografie eine ähnliche KZ-Szene: Der Seelsorger des Lagers, ein Mit-Leidender und ein Tröster seiner Kameraden, wird zur Tötung abgeholt – wahrhaftig das Sinnloseste in einer an sich schon sinnlosen Situation. War dies nicht wirklich eine ostentative Widerlegung Gottes? Und in diesem Abgrund der Verlassenheit kommen nun die Christen im Lager heimlich zusammen. Sie schämen sich ihrer Tränen und ihrer Gedankennot nicht, aber sie beten den 56. Psalm, der in einen Lobgesang mündet:

> *Sammle meine Tränen in deinen Krug,*
> *Ohne Zweifel, du zählst sie ...*
> *Doch dieses weiß ich, dass du mein Gott bist ...*
> *Ich will rühmen des Herrn Wort ...*
> *Was können mir Menschen tun?*

Hier wird in der Situation des göttlichen Schweigens jene Rühmung und jenes Bekenntnis gesprochen, von dem man später sagen wird, dass dieses nach Auschwitz nicht mehr möglich sei.

Wer von beiden hat recht?

Ich glaube, dass gerade der Ernstfall die eigentliche Tiefe dessen freigibt, was unser Glaube an Wahrheit enthält. In Auschwitz und Ravensbrück war der Ernstfall. Und hier wurde Gott gelobt. Wir sollten auf diese Zeugen des Ernstfalls hören.

[I,263-266]

Haltung und Halt

Es stimmt nicht, dass der Mensch ohne Glauben schlecht wäre und im Leben versagen müsste. Im Gegenteil:

Es gibt großartige Ungläubige, die uns Christen beschämen. Und wer weiß, wie der Herr des Jüngsten Gerichtes sie einmal platzieren wird! Ich glaube, unseren Überraschungen sind hier keine Grenzen gesetzt. Ich erinnere mich einer ungläubigen Mutter, die seit Jahrzehnten mit der Kirche gebrochen hatte. Nun traf ich sie immer wieder am Bett ihres qualvoll sterbenden Sohnes und beobachtete, wie sie ihn mit stiller Gelassenheit pflegte, ihn bei seiner letzten Not in ihre Mütterlichkeit förmlich einhüllte. Sie ließ sich keine Spur davon anmerken, wie sie selber von Schmerz und Angst zerfressen war. Unter diesem Eindruck sagte ich ihr einmal spontan: „Ich bewundere Ihre Haltung." Da gab sie mir die verblüffende Antwort: „Nun ja, Haltung vielleicht, aber schauen Sie bloß nicht dahinter. Ich habe überhaupt keinen Halt."

Dieses ungläubige und verzweifelte, aber doch sehr tapfere Wort ist mir lange nachgegangen. Mir wurde dabei überhaupt erst klar, was Glaube heißt. Glaube heißt nämlich, einen Halt haben und dadurch in jenem Fundament gründen, das Gott gelegt hat und das er letztlich selber ist. Das darf man sich freilich nicht so vorstellen, als ob der Glaube ein bequemes Polster wäre, auf dem ich mich selbstsicher breitmachen könnte. Dann wäre der Glaube ja nur die Religion der Spießbürger, und die Dogmen wären ein Bunker, in dem die Feigen sich verkröchen und vor den Unbilden des Lebens Schutz suchten.

Der Grund, darauf ich gründe, und der Halt, von dem ich gehalten bin, sind aber gottlob etwas ganz anderes als das Gängelband der Schwachen und als das Ruhekissen der Bequemen. Wir brauchen nur einmal die großen Glaubenden anzusehen, die uns der Bilderbogen der Bibel vor Augen malt: War es etwa bequem für Noah, der Verheißung Gottes zu glauben, dass er ihn in einer Arche retten würde? Doch sicher nicht! Er machte sich eher lächerlich und zog sich den Spott der Leute auf den Hals, als er bei strahlendem Sonnenschein und auf dem platten Lande ein abenteuerliches Schiff zu konstruieren begann. Und war es für Abraham eine Kleinigkeit, aus seinem Vaterland und aus seiner Freundschaft in die ungewisse Fremde zu wandern, nur weil ihm die Verheißung zuteilwurde, dass die hohe und gute Hand ihn Schritt für Schritt ins Unbekannte geleiten und an Ziele bringen würde, um die sie allein wüsste? War es die pure Selbstverständlichkeit, wenn der Psalmist im Glauben sagen konnte: „Dennoch bleibe ich stets an dir"? Damit signalisiert er doch herüber: Es spricht alles dagegen, dass es eine Gerechtigkeit gibt, dass eine höhere Regie über der Welt waltet und dass es jemanden gibt, der sich für mich interessiert. Aber dennoch: Ich halte an dir fest, ich dringe im Blindflug durch den Nebel und weiß, dass du mich auf der andern Seite erwartest.

So ist das also: Der Friede Gottes, dem ich vertraue, ist nicht etwas, worauf ich sitze, sondern er ist etwas, wonach ich mich strecke. Der Halt, von dem ich gehalten bin, und der Grund, darauf ich gründe, ersparen mir nicht die Abgründe, aus denen ich rufe. Und die Gewissheit, dass weder Tod noch Leben, weder Gegenwärtiges noch Zukünftiges mich scheiden können von der Liebe Gottes (Römer 8,38f), erspart es mir nicht, dass Angst nahe sein kann, dass Sinnlosigkeit mich umstellt und dass der morgige Tag wie der Berg ist, der über mich rollen will.

Darum gehört das „Dennoch" genauso zum Glauben wie der Kelch des Leidens zu Gethsemane und wie Golgatha zum Wunder des dritten Tages. Manchmal ballt es sich knüppeldick vor mir, und ich weiß nicht, wie ich hindurchkommen soll. Aber dann wird mir die Gnade des Dennoch geschenkt, weil plötzlich der neben mir ist, der ein Mensch war wie du und ich und der den Druck der gleichen Misere auf sich nahm. Dann ist mit ihm zusammen auf einmal die Schallmauer durchbrochen, und ich bin wieder im Weiten und erlebe das Wunder des Hindurch.

[II,24-29]

Brücken

Wenn ich sagen sollte, was mir das größte Geschenk ist, das uns im Betenkönnen zuteilwird, dann möchte ich sagen: Das größte ist, dass wir durch die Zwiesprache mit unserem Vater in seine Nähe kommen, dass wir seinen Frieden inmitten aller Unruhe schmecken und einen Halt gewinnen gegenüber allem, was uns umdrängt und zu Boden werfen möchte.

Wenn uns Gott ein Gebet gelingen lässt und sein Angesicht dann über uns leuchtet, haben wir manchmal beim Amen schon die Wünsche vergessen, die uns ursprünglich ins Gebet getrieben haben. Sie sind auf einmal unwesentlich geworden, weil es uns überwältigt zu wissen, dass uns auf jeden Fall das widerfahren wird, was uns zum Besten dienen muss.

So kommt es nicht darauf an, ob uns ein Unglück trifft oder nicht, sondern ob wir den Ort der Zuflucht kennen und den Raum unter dem Schatten seiner Flügel (Psalm 57,2). Es kommt nicht darauf an, ob wir uns verfolgt und alles gegen uns zu haben wähnen, sondern ob wir das Haupt zum Freunde haben und geliebt bei Gott sind.

Das Turmgebälk der Hamburger Michaeliskirche mochte in Feuerstürmen niederbrechen und verkohlen. Aber nachher kam ein Künstler und schnitzte aus den so schwer verwundeten und verkohlten Balken einen Engel mit einem tröstenden und unsagbar ruhigen Antlitz. So ist auch Gott ein Künstler, der trotz unseres Flehens manches in unserem Leben zerbrechen lässt, woran unser Herz hängt. Denn seine Gedanken sind höher als unsere Gedanken. Doch dann baut er aus den Trümmerbalken unseres Lebens Brücken und Stege, auf denen er uns über alle Abgründe geleitet. Und keine Tiefe darf uns verschlingen.

[I,132]

Vertrauen

Das Vertrauen, das wir Christen als unseren Glauben bezeugen und aus dem wir leben und sterben möchten, meint nun keineswegs nur, dass wir in allen noch so verzweifelten Situationen einfach stillehalten und uns blindlings dem „höheren Ratschluss Gottes" fügen sollten, auch wenn wir nichts mehr verstehen. Sondern es ist doch so: Indem wir stillehalten und zu sagen wagen: „Dein Wille geschehe!", greift unser Vertrauen sehr viel weiter aus. Wir wissen, dass der, dem wir unser Schicksal getrost anvertrauen, zugleich über die Macht verfügt, es zu wenden. Er ist nicht nur bei uns im Schiff, sondern er ist auch Herr über die Mächte und Elemente, denen das Schifflein preisgegeben ist. Wind und Wellen unterstehen seinem Gebot. Auch die Gedanken und Emotionen der menschlichen Seele, ja der Völker (Psalm 33,10), sind seines Winks gewärtig, und auf sein Geheiß müssen sich legen „die stolzesten Wellen" (Hiob 38,11).

Darum dürfen wir getrost auch in eine dunkle Zukunft aufbrechen – einfach deshalb, weil ja die Verheißung kein Ende hat. Die Menschen Gottes sind immer ins Dunkle und Ungewisse entboten worden. Abraham wurde in ein Land gewiesen, das er nicht kannte, und er hatte nichts bei sich als die Gewissheit, dass die Verheißungen mit ihm gehen würden. Und auch uns ist unbekannt, was schon übermorgen sein wird. Wir sollen nicht einmal „für den anderen Tag sorgen", sondern nur den nächsten Schritt entschlossen tun und dann dessen gewiss sein, dass auch die Geschicke des neuen Tages nichts über uns verhängen dürfen, was der Zensur unseres himmlischen Vaters entgehen dürfte. Es wird uns auch morgen und übermorgen nichts anderes widerfahren und treffen, „als was er hat ersehen und was uns selig ist".

Darum gehen wir entschlossen, aber auch getrost wie ein Kind ins Dunkel, ohne jenen zermürbenden Zwiespalt, der uns zwischen Furcht und Hoffnung hin und her reißt, sondern in jener Einfalt des Herzens, die uns auf die Lilien des Feldes und die Vögel unter dem Himmel blicken lässt.

Aber in diesem Vertrauen gehen wir nun auch los und handeln wir, da kämpfen wir auch und ringen um eine bessere Welt. Aber wir machen die Rechnung unseres Lebens nicht ohne den Wirt. Wir „verlieren" uns nicht an Programme und setzen unser Vertrauen nicht auf Utopien. Wir wissen, dass die Welt nicht anders werden kann, wenn unser altes Herz – dieses trotzige und verzagte Ding (Jeremia 17,9) – nicht zuerst anders wird. Einem Herzen, das kein Vertrauen hat und das vom Zwiespalt zwischen Furcht und Hoffnung, Gespenster-Angst und Illusionen hin und her gerissen ist, können auch nur verwirrte Gedanken entsteigen.

Darum geht der Anruf Jesu, der uns zur Liebe entbietet, nicht nur unser persönliches Leben und nicht nur unser privates Verhältnis zum Mitmenschen an. Wo das Herz und alle Kräfte des Gemütes zur Liebe entzündet werden, da entsteht an einer Stelle ein

Brand, der alle Grenzen sprengt und der auf die Gesellschaft, auf den Staat und auf alles übergreift, mit dem Menschen in Berührung kommen, für die Gott alles ist.

Wer wagt es, damit zu rechnen? Wer wagt es, dieser Verheißung zu vertrauen? Gott braucht Menschen, mit denen er wirken kann, Menschen, die frei geworden sind, um die Wunder fassen zu können, die er uns zusagt.

[I,176f]

Sokratisches Fragen

Das Wort „wo" spielt auf den ersten Blättern der Bibel eine beachtliche und nachdenkenswerte Rolle. Adam, der Mensch, hat von der verbotenen Frucht gegessen, ist so in die Hoheitszone Gottes eingebrochen und versteckt sich hinter dem Gebüsch, als die Angst des schlechten Gewissens ihn überkommt. Da holt ihn Gott mit seiner heischenden Frage: „Wo bist du?" aus seiner Deckung hervor.

Kain hat seinen Bruder erschlagen. Und als das Blut des Ermordeten zum Himmel schreit, stellt Gott den Kain mit der Frage: „Wo ist dein Bruder Abel?"

Wenn Gott sich erkundigt, wo jemand sei, dann ist ein Beiklang von Ironie nicht zu überhören. Er als der Allwissende und Herzenskundige weiß natürlich, wo wir sind und was mit uns los ist. Er weiß um Adams, Kains und unsere Verlorenheit eher als wir selber. Er hat schon die Untat erblickt, ehe sie zum Vollzug gereift war, als sie sich noch im Stadium des Motivs, ja des ersten Aufkeimens befand.

So stellt Gott seine Frage nach dem „Wo" nicht, um sich zu erkundigen (obwohl es doch so klingt; aber das ist gerade das Ironische), sondern er stellt sie, um dem also Befragten etwas zu verkündigen. Seine Frage hat gleichsam einen sokratischen Sinn: Er will in dem Mann, auf den er so fragend zufährt, etwas entbinden. Er selbst, der Befragte, soll sich klar darüber werden, wo er steht.

Uns heutigen Menschen geht das Gespräch Gottes mit Kain nahe. Was Brudermord ist, wissen wir ja. Jeden Tag wird er uns im Fernsehen vorgeführt und in den Zeitungen gemeldet. Ich brauche nur an die Praktiken ideologischer Diktaturen zu erinnern oder an Brudermord und Terror bei Rassenkämpfen und religiösen oder pseudoreligiösen Auseinandersetzungen.

Viel wichtiger aber ist es, vor der eigenen Tür zu kehren und unseres Brudermords an den Gastarbeitern zu gedenken oder unserer Gleichgültigkeit gegenüber den Gefährdeten, den entlassenen Strafgefangenen, die wir nicht akzeptieren und in die Kriminalität zurücktreiben, oder gegenüber den Süchtigen, die es in „unserer" Welt nicht aushalten und deshalb in eine imaginäre Traumwelt flüchten, und gegenüber vielen anderen.

Die Frage: „Wo ist dein Bruder Abel?" verstehen wir also auf Anhieb; die geht uns unter die Haut. Viele reagieren auch auf sie und entschließen sich zum Helfen, vielleicht weniger durch die Tat (leider!) als durch Proteste und weit ausgreifende Programme. Aber immerhin: Hier ist etwas gehört worden.

Und doch ergibt sich die Frage: Kann ich wirklich hören und verstehen, um was es bei meinem Bruder geht, wenn ich nicht vorher die andere Frage gehört habe: „Adam, wo bist du selbst?" Nur wenn ich genötigt werde, diese Frage nach dem Wo meiner eigenen Person zu stellen – denn ich selbst bin ja Adam! –, erfahre ich die wahre Quelle des Unheils und die eigentliche Krise der Mitmenschlichkeit. Denn: Weil ich nicht mehr für Gott da bin, bin ich auch nicht mehr für den Nächsten da. So ist doch die Reihenfolge! Wenn ich selbst das Wunder nicht erfahren habe, angenommen zu werden – und ich meine hier vor allem die letzte Annahme durch Gott selbst –, dann kann ich auch den Nächsten nicht mehr annehmen. Dann sehe ich in ihm nur den Konkurrenten, so wie Kain ihn in seinem Bruder Abel sah, oder den Partner in einer Interessengemeinschaft, den Partei- oder Tarifgenossen, den Kameraden oder den Vertreter einer gegnerischen Front. Aber ich sehe in ihm nicht mehr den, der in der Bergung Gottes steht und sein Augapfel ist. Ich merke nicht mehr, wer uns beide aufeinander bezieht und wer hier nach mir und meinem Bruder fragt. Wenn ich dieses „Wer" (wer der ist, der hier nach mir fragt) nicht mehr kenne, höre ich auch die Frage nach dem „Wo" (Wo bist du? Wo ist dein Bruder?) nicht mehr. Nur wer die Verbindung der beiden Wo-Fragen verstanden hat, kann begreifen, wer Gott ist, was er uns bedeuten möchte und was er von uns will.

[XII,79-82]

Wer bin ich?

In den letzten Tagen des Krieges wurde der Pfarrer Dietrich Bonhoeffer durch die Gestapo erhängt. Er musste sterben, weil sein Glaube ihn zu bekennendem Widerstand gegen das Regime genötigt hatte. Seine Bewacher und Mitgefangenen liebten ihn sehr, weil er selbst in Ketten ein souveräner Mann blieb. Auch er kannte freilich Stunden der Mutlosigkeit. Doch die hielt er vor fremden Augen verborgen. Aus der Zeit seiner Gestapohaft sind einige Gedichte erhalten, und eines von ihnen beschäftigt sich mit der Frage: „Wer bin ich?" Es hat auch diesen Titel. Einige Zeilen daraus will ich Ihnen nennen:

Wer bin ich? Sie sagen mir oft,
ich träte aus meiner Zelle
gelassen und heiter und fest,
wie ein Gutsherr aus seinem Schloss ...

Bin ich das wirklich, was andere von mir sagen?
Oder bin ich nur das, was ich selbst von mir weiß?
Unruhig, sehnsüchtig, krank,
wie ein Vogel im Käfig ...
müde und leer zum Beten, zum Denken,
zum Schaffen ...?

Wer bin ich? Der oder jener? ...
Bin ich beides zugleich? Vor Menschen ein Heuchler

und vor mir selbst ein verächtlich
wehleidiger Schwächling?
Wer bin ich? Einsames Fragen treibt mit mir Spott.
Wer ich auch bin, du kennst mich,
dein bin ich, o Gott!

Was bedeutet es, dass Gott mich kennt und dass ich sein bin?

Das heißt erstens, dass wir Menschen weder uns selbst noch unsern Mitmenschen ganz verstehen. Wir kennen weder unsere eigene Identität noch die des andern. Aber das braucht uns nicht zu bekümmern. Unser Bild ist im Herzen Gottes geborgen. Er weiß um uns. Damit ist noch ein Zweites gesagt:

Der Gedanke, dass Gott um uns weiß, könnte auch etwas Erschreckendes an sich haben. Von jemandem bis in die letzte Falte der Seele durchschaut zu sein, durch und durch „geröntgt" zu werden, ist ein furchtbarer Gedanke.

Doch wenn das stimmt, was Jesus Christus uns von seinem Vater gesagt hat, dann ist es nicht furchtbar, dann ist es auf einmal schön und tröstlich, so durchschaut zu werden. Denn wir wissen, dass er uns in Liebe versteht und unter Schmerzen sucht.

Goethe hat einmal gesagt, man könne nur das verstehen, was man liebt. Hier werden wir unendlich geliebt. Darum werden wir auch unendlich verstanden. Wir werden von jemandem verstanden, der Erbarmen mit uns hat.

Wenn es möglich wäre, dass ein Mensch uns ganz

durchschaute, wäre das schrecklich. Dann würden wir zu der Konsequenz genötigt sein: Vor dem kann ich mich nicht mehr blicken lassen. Bonhoeffer aber sagte:

„Wer ich auch bin, du kennst mich, dein bin ich, o Gott!"

Es gibt einen, der sich zu mir bekennt, wer ich auch sein mag.

[V,89f]

Fremde Würde

Es gibt zwei extrem verschiedene Formen des Menschenbildes. Das eine sieht so aus, dass ich den Menschen nach seinem Funktionswert eintaxiere: als Arbeitskraft und Leistungspotenz im Produktionsprozess, als Träger erotischer Attraktivität (etwa des Sexappeals) oder biologischer Werte (z. B. im Sinne eines rassisch verstandenen Herrenmenschentums). Solange ein Mensch als wertvolle Arbeitskraft funktioniert, mag er hoch angesehen sein und vielleicht als „Held der Arbeit" gefeiert werden. Ebenso bewegt sich sein Leben, wenigstens äußerlich, auf einem Höhenweg, solange er erotisch funktioniert, das heißt: solange er jung und attraktiv ist. Und von der genannten biologischen Werthaltigkeit gilt Entsprechendes, insoweit er die „richtige" Rasse hat und deren vermeintliche Qualitäten repräsentiert.

Dieses nach dem Funktionswert bestimmte Menschenbild enthält also eine ganz bestimmte pragmatische Werteskala. Diese Werteskala legt den Vergleich mit der Maschine nahe. Denn die Maschine wird ja ebenfalls ausschließlich nach ihrem Funktionswert eintaxiert: Ist sie voll leistungsfähig, so ist sie gleichsam „angesehen"; sie wird geschätzt und durch einen sorgfältigen Service gepflegt. Ist sie verbraucht und wird funktionsunfähig, so verschrottet man sie.

Dieser Vergleich hat für die humane Parallele beklemmende Züge: Denn dem hohen Ansehen, das der funktionstüchtige Mensch in seiner Gesellschaft hat, entspricht logischerweise auch seine völlige Abwertung, sobald er seinen Funktionswert verliert. Hier muss notwendig – das ist tatsächlich eine logische Zwangsläufigkeit – der Begriff des „lebensunwerten Lebens" entstehen. Und in diesem Begriff ist dann noch eine weitere logische Konsequenz angelegt: dass „lebensunwertes Leben" entsprechend einer nicht mehr funktionierenden Maschine verschrottet werden müsse. Man nennt das in diesem Falle „liquidieren".

Wir könnten die Wahrheit dieser logischen Prozesse mit schauerlichen historischen Illustrationen belegen. Man braucht nur an die Massenliquidationen der stalinistischen Ära in Sowjetrussland zu denken. Sobald man von einer gesellschaftlichen Schicht (etwa Adel und Bürgertum) den Eindruck hatte, dass sie nicht im Sinne des Regimes umzuerziehen, d. h. soziologisch zu reparieren sei, wurde sie en masse liquidiert. Und man kann bei den Geisteskrankenmorden und den Vergasungen der Juden unter Hitler denselben Vorgang beobachten.

Das Gegenbild dazu haben wir im Evangelium. Hier beruht die Würde des Menschen nicht auf seiner Funktionstüchtigkeit, sondern darauf, dass Gott ihn liebt, dass er teuer erkauft ist, dass Christus für ihn starb und dass er so unter dem Patronat einer ewigen Güte steht. Unter diesem Patronat steht auch noch der Geisteskranke und der, der in menschlichen Augen „nichts nütze" ist. Darum konnte sich Bodelschwingh, der Leiter einer Anstalt für Epileptische, den Schergen der SS entgegenstürzen: Ihr müsst über meine Leiche, wenn ihr sie (zur Tötung) abholen wollt. Er wusste: Auch die Ärmsten von ihnen, in denen unsere irdischen Augen kaum noch einen Funken der Menschlichkeit erblicken, sind von Gott geliebt, und niemand darf sie aus seiner Hand reißen. Sie haben keinen immanenten Funktionswert, aber sie haben das, was Luther „die fremde Würde" nennt: dass sie in einer Geschichte mit Gott stehen und dass die Opfer Gottes auch sie heiligen und sakrosankt sein lassen. Nur in dieser „fremden Würde" gibt es wirkliche Geborgenheit. Es geht nicht um die Verwertbarkeit des Menschen, sondern es geht um den unendlichen Wert der Menschenseele. Jede These von der Verwertbarkeit des Menschen überantwortet uns der Verfügung menschlicher Hände und damit den schrecklichsten Manipulationen. Das Wissen um den unendlichen Wert der Menschenseele aber lässt uns geborgen sein in der Verfügung der Hände Gottes. Wir müssen uns entscheiden, ob wir im Menschen ein Instrument der Gesellschaft oder ein Kind Gottes sehen wollen. Wir müssen uns entscheiden, ob wir ihn den Menschen überantwortet oder unter dem Patronat der ewigen Güte geborgen sehen wollen.

[XI,183-189]

Beim Namen gerufen

Ich hatte im letzten Krieg einen jungen Parteigenossen zu beerdigen, der im Übrigen ein ehrenwerter Mann und treuer Familienvater war. Die Formationen der Partei, der SA und der Amtsverwalter standen mit ihren Standarten um das Grab.

Es war nun nicht einfach eine zeitbedingte Ideologiekritik, es war vielmehr der Versuch, an tiefere menschliche Schichten zu rühren, wenn ich den Versammelten sagte: „Ihr sagt, der einzelne Mensch sei nur ein Blatt am Baum des Volkes. Die Blätter aber könnten verwehen und zunichtewerden. Wichtig sei nur, dass der Baum selbst weiterlebe. Wir Menschen seien nur vergängliche Exemplare unserer Gattung, und wir sollten uns mit der Unsterblichkeit der Gattung, des Volkes, des Baumes also, trösten. Die einzelnen Blätter seien ersetzbar; sie könnten ausgewechselt werden."

Ich fragte dann die Trauerversammlung: „Wer wagt es denn hier an dem offenen Grab, dieses Bekenntnis zu wiederholen – das Bekenntnis also, der Mann in diesem Sarg sei nur ein verwehendes und ersetzbares Blatt am Baum des Volkes gewesen? Hier steht seine Witwe, hier weinen seine Kinder; für sie war er ein Einmaliges, nicht Austauschbares. Wo Bande der Liebe uns mit einem anderen Menschen verknüpfen, da gibt es nur den einen Lebensgefährten, den einen Vater, die eine Tochter."

Warum ich dieses Erlebnis hier erwähnt habe?

Einmal deshalb, weil hier an unsern tiefsten Schmerz gerührt wird. Es ist eine Lücke ins Leben gerissen worden, die nicht einfach ausgefüllt werden kann; es ist ein Verlust, für den es keinen Ersatz gibt. Jeder denkt dabei an das eine ihm so teure Antlitz, das er nicht wiedersehen wird.

Wenn ich das so sage, möchte ich nicht in unsern Schmerzen wühlen. Es geht mir vielmehr um den Trostgedanken, den das Evangelium hinter der so beglückenden und doch auch so wehtuenden Einmaligkeit des uns teuren Menschenantlitzes erscheinen lässt: Dass wir keine ersetzbaren Blätter, keine austauschbaren Exemplare einer Gattung sind, sondern dass wir jenes Siegel des Besonderen tragen, das hat einen tiefen Grund.

In der Bibel ruft Gott uns einmal das tröstliche Wort zu: „Ich habe dich bei deinem Namen gerufen, du bist mein!" So hat jeder von uns seinen Namen, seinen eigenen Namen, und unter ihm ist er Gott vertraut: Die Toten in den Massengräbern sind es, die niemand kennt. Auch alle, die auf See geblieben sind und gar kein Grab haben, sind von ihm bei ihrem Namen gerufen. Und ebenso alle, die einsam in ihren anonymen Betonburgen sterben, während der Fernseher weiterläuft und selbst der Nachbar von gegenüber nichts von diesem verstohlenen Abschied und Abscheiden bemerkt. Sie alle haben bei Gott einen Namen und sind ihm bekannt. Selbst der Unbehauste hat in diesem Herzen noch eine Heimstatt und einen Ort der Geborgenheit.

Deshalb rührt mich das Kinderlied „Weißt du, wie viel Sternlein stehen?" immer so an. Denn da ist von dem Herrn des Universums die Rede, der den Sternenlauf lenkt und mit seiner Ewigkeit noch die Lichtjahre umfängt. Obwohl er aber so unendlich ist, kann es doch von ihm heißen: „Kennt auch dich und hat dich lieb." Er kennt selbst den Namen der kleinen Kinder, auch der toten Kinder.

Dass wir alle einen Namen haben, der im Herzen Gottes unvergessen ist, das liegt nicht daran, dass wir im Leben etwas Großes erreicht und unsern Namen auf die ehernen Tafeln der Geschichte eingeprägt hätten.

Sonst stünde es ja schlimm mit den Kindern und auch mit den Geistesschwachen in Bethel, die dem Herzen Gottes doch besonders nahestehen! Nein: Dass wir diesen Namen haben, hat seinen Grund darin, dass Gottes Liebe sich uns grundlos zugewandt hat, dass er „seines eigenen Sohnes nicht geschont", dass er also sein Liebstes für uns dahingegeben hat. So lieb waren und sind wir ihm! Gott liebt uns nicht, weil wir so wertvoll wären, sondern es ist genau umgekehrt: Wir sind so wertvoll, weil Gott uns liebt.

[V,71-73]

Stürmische Freude

Das Gegenteil der Sorge ist nicht der Optimismus, der sich einredet: Es ist ja alles nicht so schlimm und wird sich schon zurechtschaukeln. Die sogenannten Optimisten aus Grundsatz sind im Allgemeinen nur Windhunde und oberflächliche Naturen, die nicht seriös oder tapfer genug sind, den Realitäten standzuhalten.

Das Gegenteil der Sorge ist vielmehr der Glaube. Es ist der Glaube, der um die Ungewissheit der Zukunft weiß und der allen Rätseln und scheinbaren Sinnlosigkeiten des Schicksals standhält, der einfach sagt: Dennoch bleibe ich stets an dir.

Ich bitte zu bedenken, dass er nicht sagt: Dennoch bleibe ich stur auf meinen Beinen stehen; „was mich nicht umbringt, macht mich stärker". Das könnte jeder Büffel auch sagen, wenn seine Gehirnmasse ihn nicht hinderte, einen philosophischen Satz zu denken. Sondern der Glaube sagt: Ich falle vielleicht und bin oft hilflos, aber du hebst mich auf. Mein Verstand steht schier still oder wird irre angesichts des Übermaßes an Leid in der Welt, aber du verlässt mich nicht, und so hält dich dann auch meine Hand fest. Denn ich darf es ja wissen, dass deine Liebe ihren Weg auch in der größten Dunkelheit hat. In diesem Sinne ist der Glaube das Gegenteil der Sorge. Und so hat es der Herr selber ausgesprochen, wenn er sagt: „Fürchte dich nicht, glaube nur!" (Markus 5,36).

Wenn wir uns dieses Vertrauen schenken lassen,

dann bekommen wir ein wenig von der königlichen Freiheit der Kinder Gottes zu schmecken, und unter der Hand verändert sich unser ganzes Verhältnis zur Zukunft. Unser erstes Interesse gilt nicht mehr der Frage (der bangen und zweifelnden Frage), ob Gott helfen wird, sondern es gilt der andern Frage (der fröhlichen, gewissen und gleichsam neugierigen Frage), wie Gott helfen wird. In diesem Sinne sagt Pascal einmal, es sei herrlich, im wilden Wetter auf einem Schiff zu fahren, wenn man wisse, dass es nicht untergehen könne.

Das ist die stürmische Freude des Christenlebens, das ist auch sein Lachen und sein Humor und seine sieghaft überwindende Kraft, dass unser Leben nun ein solches Schifflein ist, in dem Jesus Christus schläft und das nicht untergehen kann.

[IV,162-163]

Zeitgenossenschaft

Wer die Botschaft der Bibel hören will, muss sie aus seiner jeweiligen Zeitgenossenschaft heraus hören. Dabei wird er zum Beispiel bemerken, dass die im Neuen Testament gestellte Frage: „Was muss ich tun, um ewiges Leben zu gewinnen?" heute in dieser Gestalt nirgendwo auftaucht. Wer hätte sie schon je in einem Café, in einer Stammtischrunde oder an seinem Arbeitsplatz im Kollegengespräch vernommen? Wer diese Frage bloß zitierend aufgriffe, müsste unverstanden bleiben, und die Menschen würden – sofern sie überhaupt zu so jemandem kommen – nur kopfschüttelnd fragen: „Wovon redet der eigentlich?"

Die Frage nach dem ewigen Leben ist deshalb aber keineswegs verstummt, sie ist nicht einfach veraltet und überfällig geworden, sodass wir darüber zur Tagesordnung schreiten könnten. Vielmehr taucht sie vielfach verschlüsselt und chiffriert auch in unserm Leben auf. Sie meldet sich unter den Zwängen unserer heutigen gesellschaftlichen Existenz, unter unserer Angst vor der Zukunft (vor Überbevölkerung, Umweltverschmutzung und den Exzessen der Technik), unter Einsamkeit, Langeweile und Lebensleere.

Das alles verstellt uns den Sinn unseres Lebens, und wir fragen uns, was dieses Dahinvegetieren ohne Grund, Ziel und Sinn denn überhaupt solle. Warum träumen denn Ungezählte von utopischen Zielbildern einer Geschichte, die schließlich das Paradies auf Erden bringen möge? Warum fliehen junge Menschen in den Rausch der Drogen? Suchen sie nicht alle – auf eine meist sehr fragwürdige und hilflose Art – den Fesselungen durch unerträglichen Leerlauf zu entrinnen? Verfolgen sie nicht die Fährte auf ein „X" hin, das dieses entleerte Leben überbietet und so etwas wie die Macht der Befreiung sein könnte? Was anderes wäre das aber als diese hilflose Umschreibung des „ewigen Lebens"? Man hört gewisse Glocken, weiß aber nicht, wo sie hängen.

Es geht diesen Leuten ähnlich wie den Athenern, zu denen Paulus spricht (Apostelgeschichte 17,16ff): Sie haben dem unbekannten Gott einen Altar errichtet und wissen nicht, wen sie damit meinen. Sie wissen nur, dass die sonst von ihnen angebeteten Götter nicht alles sein können und dass es noch etwas anderes geben muss, das Bedeutung für ihr Leben hat. Paulus aber sagt ihnen nun: „Ich verkündige euch, was ihr unwissend verehrt!" Er hätte auch sagen können: „Ich verkündige euch, wonach ihr sucht, ich nenne euch den Grund für euer Ungenügen."

Damit war Paulus gewissermaßen „modern". Er griff nämlich eine jetzt bestehende Frage auf, er war in einem eminenten Sinne aktuell. Zugleich aber war er „konservativ". Denn seine Predigt zielt auf die Feststellung, dass hinter den modernen Fragen die alte und nie veraltete Frage nach dem heilen, nach dem ewigen Leben steht. Und weil es dabei um eine Frage „von jeher" geht, darum wird man auch die bleibende

Geltung der „von jeher" gegebenen Antwort auf diese Frage vermuten dürfen: dass es Gott selbst sei, der sich in jener Unruhe der Fragenden meldet.

[X,83-85]

Glaube und Vernunft

Wurde die Menschheit durch Aufklärung, wissenschaftlichen und technischen Fortschritt denn glücklicher? Ist sie weitergekommen? Sind die Träume, die diesen Fortschritt wie einen Götzen umkreisen, nicht allmählich ausgeträumt? Ist nicht gerade unter der Jugend, die einmal die Konsequenzen dessen ausbaden muss, was die Entfesselung atomarer und biologischer „Fortschritts"-Kräfte auslösen wird, die Angst vor dem schrecklichen Vermögen des menschlichen Ingeniums am größten? Ist der Mensch, der sich als Juniorchef der göttlichen Weltfirma fühlt und den „Alten" meint ablösen zu können, der also einen achten Schöpfungstag heraufführen möchte, nicht eben deshalb in Lebensangst und Sinnlosigkeit gestürzt? Die Reichen an Macht und Geist haben wahrlich auch ihre besonderen Gefährdungen, und die Arroganz vieler sogenannter Intellektueller ist eine der größten.

Und wie steht es mit den Weisen und Klugen im Tross des Jesus von Nazareth – wie steht es mit den Theologen? Gerade wenn man selbst wie der Verfasser dieser „Branche" zugehört, weiß man, dass auch diese Kunst einen rasend machen kann und wie hier nicht nur Jüngerschaft gelebt (die aber auch!), sondern ebenso eine Saat der Verwirrung ausgestreut wurde. Hier lässt sich besonders gut ausmachen, welche Art von Klugheit und Weisheit ein Herd des Verderbens sein kann und warum gerade von dieser Seite der Todesweg Jesu vorbereitet wurde.

Gottes- und Schriftgelehrsamkeit bleiben nur so lange gesund, wie sie sich über eines ganz klar sind: dass Gott unsere Liebe haben möchte – eine Liebe, die wir ihm aus „ganzem Herzen, ganzem Gemüt und unserem ganzen Erkenntnisvermögen" darbringen (Matthäus 22,37). Nur wer liebt, stellt sich mit seinem ungeteilten Sein zur Verfügung.

Dann aber ist er nicht nur mit seinem Gefühl bei dieser Hingabe beteiligt, sondern auch als Vernunftwesen, also intellektuell. Es drängt ihn dazu, auch zu erkennen, wen er liebt und wie es kommt, dass dieser Wer ihm seine Liebe abgewonnen hat. Eine gesunde, ihrem Ursprung treu bleibende Theologie umkreist also mit „Gedanken" den Gegenstand ihrer Liebe. Man könnte auch sagen: Sie legt ihr Engagement aus; sie „begründet" es und strebt so über bloß emotionale Regungen hinaus. Sie gibt sich Rechenschaft über den Grund ihrer Hingabe und ihrer Hoffnung (1. Petrus 3,15; vgl. Epheser 1,18).

Gesunde Theologie kehrt also stets zu den Ursprüngen des Glaubens zurück. Sie umkreist das mit Gedanken, was in naiver (gleichsam vor-reflexiver) Gestalt auch ein Sonderschüler oder ein sonst wie schlichtes Gemüt verstehen kann: dass Jesus uns ein neues Leben schenkt, dass das Alte vergangen ist und unser Herz hier mit lebendiger Hoffnung erfüllt wird.

Es gibt gewiss keinen „Naturschutzpark" des Kinderglaubens, in den wir uns künstlich einsperren dürfen, um allen Gefahren von kritischer Forschung und kritischem Nachdenken aus dem Wege zu gehen. Wer Angst vor dem Nachdenken und damit auch vor der Theologie hat, kann Gott nie ganz gehören; er lässt wesentliche Stücke seines Ich eben nicht an seiner Hingabe teilnehmen und verdrängt sie. Darum gibt es so viele verkrampfte Christen. Und keine noch so orthodoxe Bravheit, kein noch so bereitwilliges Schlucken von Dogmen bewahrt sie vor diesem Krampf.

So kann man Jesus auf sehr verschiedene Weise untreu werden und ihm die Nachfolge verweigern. Man kann diese Verweigerung so vollziehen, dass man ein selbstgerechter Schriftgelehrter wird, der seine eigenen Gedanken höher stellt als die frohe (und jedem Kind, jedem Einfältigen verständliche) Nachricht, dass Jesus uns annimmt und zu Kindern Gottes macht. Luther hat das einmal sehr prägnant ausgedrückt, im Lateinischen klingt es noch viel schöner: „Fortschreiten (im Glauben und in der Erkenntnis) ist gar nichts anderes als immer neu anfangen", als immer neu zu dem Einfachsten zurückzukehren, was uns den Glauben abgewonnen hat.

[XII,241-244]

Humor und Weltüberwindung

In seinem Humor legt der Mensch ein Zeugnis von sich selbst ab, er wird gleichsam transparent. Wenn wir den Humor eines Menschen kennen, dann schauen wir ihm ins Herz. Ist er dagegen nur witzig, brennt er bloß ein Feuerwerk von Pointen ab, kann er selbst im Dunkeln bleiben. Wir bleiben ohne Auskunft, ob er ein Menschenverächter oder ein Liebender, ob er zynisch oder fromm, ob er brutal oder sanft ist.

Auch die Gegenprobe lässt sich machen: Wenn jemand notorisch „humorlos" ist, dann dürfte im Stellwerk seiner Existenz etwas nicht in Ordnung sein. Nicht nur der Humor, auch die Humorlosigkeit charakterisiert den Menschen! Er steckt ohne Distanz in den Klauen des Geschicks; bei ihm ist kein Ansatz zur Weltüberwindung erkennbar.

Um eine dunkle Folie zu gewinnen, von der sich das Licht des Humors umso deutlicher abhebt, scheint es mir sinnvoll, noch einen Augenblick beim Wesen der Humorlosigkeit zu verweilen. Wenn ich jemanden als humorlos bezeichne, dann bedeutet das keineswegs, dass ich damit sagen wollte, er könne nicht lachen. Doch er kann! Er lacht vielleicht sogar lauter und exzessiver als der Mann mit Humor. Aber wie und warum lacht er?

Wenn ich ein Lachen bezeichnen sollte, das am äußersten Gegenpol des Humors angesiedelt ist, dann möchte ich die Schadenfreude nennen (ein Wort übrigens, das es nur im Deutschen zu geben scheint; das kann zu etwas schwermütigen Überlegungen anregen!). Diese „Freude" stammt nicht wie die des Humors aus Distanz und Überlegenheit, im Gegenteil: Sie ist die Gelächterexplosion eines Inferioritätsgefühls, nämlich des Neides. Wenn der Beneidete Schaden nimmt und am Boden liegt, dann scheint es für den, der nun darüber lacht, so etwas wie eine plötzlich zustande gekommene Erhöhung zu geben. Doch ist das wirklich nur scheinbar.

Der Humor rührt den ganzen Menschen an. Der ganze Mensch kann aber nur durch etwas angerührt und erfasst werden, das ihn unbedingt angeht und insofern mit der letzten Wirklichkeit zu tun hat, die sein Leben trägt. Das frivole Gelächter geht nur, wir sahen es bereits, die inferioren Ich-Schichten an, etwa die Gier oder die Schadenfreude. Der Witz appelliert an die Lust zum intellektuellen Abenteuer, das der Weg zu einer Pointe – mehr oder weniger! – zu bieten pflegt. Hier werden jeweils nur partielle Ich-Schichten berührt. Der Mensch in seiner Gänze wird nur von einer „Botschaft", einem Kerygma, erreicht. Unsere These, dass der Humor den ganzen Menschen betreffe, drängt deshalb zu der Frage, welche Botschaft denn der Humor in sich berge.

Die Botschaft, die im Humor steckt und von der er selber lebt, ist das Kerygma der Weltüberwindung. Kaum jemand hat in diesem Sinn den Humor treffender charakterisiert als sein filmisches Lieblingsgeschöpf Pater Brown, der meditiert: „Humor ist eine

Erscheinungsform der Religion, denn nur der, der über den Dingen steht, kann sie belächeln. Mir hat es immer vor dem humorlosen und den zum Lachen unfähigen Menschen gegraut."

Diese Seite des Humors hat sogar eine liturgische Gestalt angenommen: im Risus paschalis, dem Osterlachen der Ostkirche oder auch in den Kathedralen des Mittelalters. Bei der Nachricht: „ER ist auferstanden, ER ist wahrhaftig auferstanden" stimmt die Gemeinde ein schallendes Gelächter an, weil Hölle, Tod und Teufel österlich überwunden sind.

[XII,82-84.96-98]

Fülle des Lebens

Es ist merkwürdig – und ist mir auch persönlich zu einer Überzeugung geworden, die vom Leben auf Schritt und Tritt bestätigt wird –, dass ich zu der größtmöglichen Entfaltung meiner Persönlichkeit gerade dann nicht komme, wenn ich diese Entfaltung will, wenn ich mir also ständig überlege: Wo habe ich eine Chance, mich auszuleben? Wo kann ich gesellschaftliches Prestige gewinnen? Wo kann ich ein Maximum an Leistung erreichen und wo die höchste Lust erleben? Vielmehr komme ich nur dann zur wahren Erfüllung meiner Persönlichkeit und meines Lebens überhaupt, wenn ich an diese Entfaltung gar nicht denke, sondern wenn ich mich – gleichsam selbstvergessen – einem anderen zuwende, einem anderen Menschen oder auch einer Aufgabe, kurz, wenn ich also diene und liebe und in beidem nicht an mich selbst denke.

Es gibt eben Dinge im Leben – und dazu gehört die Erfüllung der eigenen Persönlichkeit –, die man nicht direkt wollen kann und die einem sozusagen nebenbei, wirklich als „Nebenprodukt", zuteilwerden. Nur einer, der liebt und nicht an sich denkt, findet sich gerade – und umgekehrt: Wer sich selbst sucht, ist immer der Geprellte.

Auf dieses merkwürdige Geheimnis unseres Lebens hat Jesus aufmerksam gemacht, wenn er sagt: „Trachtet am ersten nach dem Reich Gottes und nach seiner Gerechtigkeit, so wird euch solches alles zufallen."

Das heißt doch: Wem es wirklich und ernsthaft, wem es sozusagen elementar um Gott geht, der bekommt nebenbei alles andere mitgeschenkt, dem gibt er Brot und Freunde, dem schließt er Tore in seinem Beruf auf und den überschüttet er mit der Fülle des Lebens. Wer selbstvergessen seiner Aufgabe dient, wer ohne Rücksicht auf eigene Verluste denen dient und denen liebend nahe ist, die ihm Gott als seine Nächsten auf den Weg gestellt oder auch hilflos vor die Füße gelegt hat, der empfängt Freuden, Heiterkeiten und Reichtümer, die er nie gefunden hätte, wenn er sie unmittelbar und in egoistischer Gier gesucht hätte. Wer sein Leben erhalten will, der wird's verlieren; wer es aber hingibt und gerade nicht sich selbst und sein Leben will, der ausgerechnet findet sich und nebenbei dann auch noch das Schöne im Leben, ja das Interessante und Attraktive. Gott schenkt das Größte immer nur „nebenbei". Das muss man sich merken.

Ich würde sagen, dass sich das schon in unserem Lebensstil ausprägen muss. Wer morgens bereits mit dem Gedanken aufsteht: Wie kann ich heute möglichst viel in meine Tasche hineinwirtschaften? Was kann ich für meine Karriere, meine Sicherheit, meine Vitalität tun? – und wer nebenbei dann noch denkt: Später, wenn ich das alles erreicht habe, will ich mir auch Zeit nehmen, fromm zu sein und meiner Bank einen Dauerauftrag für edle Werke geben; ich behaupte: Wer so denkt, der hat von Anfang an eine falsche Kalkulation aufgestellt, der findet die Erfüllung seines Lebens gerade nicht. Auch bei dem in Aussicht genommenen, frommen Happy End seines Lebens, bei dem geplanten Stelldichein mit Gott auf den sanften Auen der Saturiertheit ist er auf jeden Fall der Geprellte. Wenn Gott nicht das Erste, das Elementarste in unserem Leben ist, so entweicht er uns ganz, oder wir erleben ihn als gespenstische Unruhe, die von den Rändern her in unser Leben hereinstrahlt.

Darum meine ich, dass wir schon den Tag mit ihm beginnen müssten – weil eben das Wichtigste und Programmatische immer an die Spitze gehört –, dass wir ihm alles anzubefehlen hätten: was wir heute zu treiben gedenken, unsere Ehe, unsere Kinder, die Menschen, mit denen wir heute zu verhandeln und mit denen wir zu arbeiten haben, und unseren kranken und einsamen Nachbarn, der unserer Hilfe bedarf.

Wir halten jedenfalls fest: Nur diejenigen, die gerade nicht sich selbst suchen, finden sich. Nur wer ganz einfach liebt und nicht an sich selbst denkt, gewinnt die Fülle auch seines eigenen Lebens. Gott schenkt das Beste mit der linken Hand, und „den Seinen gibt's der Herr im Schlaf".

[XI,90-96]

Was die Angst überwindet

Gesetz und Liebe

Geborgen und gelassen

In einer alten Fabelsammlung wird von einem Vogel erzählt, der auf dem Rücken lag und seine Beine starr gegen den Himmel streckte. Als ein anderer Vogel diese etwas merkwürdige Position beobachtete, flog er herbei und fragte: „Warum liegst du denn so auf dem Rücken und streckst die Beine von dir weg?" „Weißt du", erwiderte der andere, „ich trage nämlich den Himmel mit meinen Beinen. Wenn ich die Beine anzöge und losließe, würde das ganze Himmelsgewölbe einstürzen!" Als er das kaum gesagt hatte, fiel ein Blatt von dem nahe dabeistehenden Baum und raschelte dicht neben ihm nieder. Das versetzte dem Vogel einen solchen Schreck, dass er seine hehre kosmische Sendung jäh vergaß und nicht nur seine Beine einzog, sondern auch in Panik davonflog. Der Himmel aber wölbte sich weiter über der Erde.

Das ist geradezu eine Modellgeschichte für christlichen Humor, weil seine wesentlichen Charakteristika in ihr versammelt sind:

Die Gewissheit, dass der Himmel beständig sei und einen Herrn habe, der seine Kreaturen – Vögel und Menschen gleichermaßen – überragt, schenkt die Gelassenheit derer, die sich geborgen wissen. Sie relativiert zugleich das Weltgetriebe, in dem sich die Treibenden und Getriebenen so unendlich wichtig nehmen. Wenn sie gar von ihrer Wichtigkeit so überzeugt sind wie der Vogel und sich als den Nabel der

Welt betrachten, so reizt der Gegensatz zwischen der Selbsteinschätzung und der nichtigen De-facto-Rolle zum Lachen. Nicht weil wir sind, ist Gott – wer das meinen würde, wäre in der Tat ein komischer Vogel, ein Feuer-Vogel oder ein Feuer-Bach! –, sondern weil Gott ist, sind wir.

Dies zu erfahren, dass die Welt nicht auf unsern Schultern oder Beinen liegt, dass wir nicht für ihre Gründung, ihren Fortgang und ihre Vollendung verantwortlich sind, bedeutet eine ungeheure Entlastung. Sie befreit aus der Verkrampfung zur Heiterkeit. Die Wahrheit über die tatsächlichen Maßstäbe und Kompetenzen macht auch hier frei. Die Selbstüberschätzung des Menschen als Gott Gottes dagegen führt in den Krampf und zwingt zu ständiger Selbstbestätigung. Nur wer seine Nichtigkeit durchschaut hat und gleichwohl weiß, dass er deshalb nicht zunichte wird, sondern in einem Liebenden, Aufrichtenden geborgen ist, findet dadurch zum heiteren Darüberstehen. Denn ich bin nicht ins Nichts geworfen, sondern ich bin von einer Hand getragen. Darum „fürchten wir uns nicht, wenngleich die Welt unterginge und die Berge mitten ins Meer sänken ... Dennoch soll die Stadt Gottes fein lustig bleiben mit ihren Brünnlein ..." (Psalm 46).

[VII,129f]

Gesetz und Gnade

Gott sieht tiefer als unser normales und törichtes, bloß auf die Oberfläche eingestelltes Auge. Er sieht die vielen Gedanken, die zu Mord und Ehebruch auf dem Sprunge liegen. Er sieht den verzehrenden Neid, der uns fast verbrennen will, während wir äußerlich unserem Konkurrenten die Hand geben und ihn doch im Geheimen dahin wünschen, wo der Pfeffer wächst. Er sieht die unreinen Blicke und die wilde Bereitschaft unserer Fantasie. Und noch eine Stufe tiefer, im Hexenkessel des Unbewussten, sieht es noch viel unheimlicher aus. Auch dies alles bin ich. Das sind meine Gedanken, das ist meine Fantasie, und das ist mein Morden und Lügen und Ehebrechen, auch wenn es nie das Licht der Welt erblickt.

Warum erblickt es denn eigentlich so selten das Licht der Welt? Vielleicht habe ich nicht die Nerven dazu, vielleicht habe ich auch zu viele Hemmungen, die mit meinem bürgerlichen Stande zusammenhängen, vielleicht morde und lüge und ehebreche ich auch deshalb nicht, weil das Gebot Gottes mir das klar verbietet und weil ich Respekt vor diesen seinen Geboten habe. Aber gerade dann, wenn ich das Gebot Gottes so als Hemmung empfinde und es mir in den Arm fallen lasse, gerade dann spüre ich, wozu eben dieser mein Arm erhoben war. Das Gebot Gottes macht mir nur umso bewusster, welche Opposition, welcher Aufruhr in mir ist und wie verschieden die Parteien sind, die auf dem Gelände meiner Seele miteinander ringen. Ich mag mit der Sünde einen erbitterten Ringkampf führen und mag einen Augenblick meinen, ich kämpfe mit einem Fremden. Aber ich bin ja selbst dieser Gegner. Es ist nicht die „Sünde in mir", sondern ich bin es. Dazu muss das Gesetz in seiner Härte bleiben. Es muss gleichsam wie eine Gaze in der tiefen Wunde unseres Herzens stecken bleiben, damit sie nicht allzu leicht zuheilt und allzu unsichtbar vernarbt und wir dann nicht leichtsinnig meinen, wir seien gar nicht wund und krank und brauchen niemanden mehr, der für uns stirbt und uns als Heiland vergibt und heilt.

Sind wir nicht alle in Gefahr, die Gaze herauszunehmen und uns nicht nur eine glatte Heilung vorzuspiegeln, sondern zu meinen, dass wir eigentlich niemals so recht verwundet und krank gewesen seien?

Es besteht nämlich auch eine Gefahr darin, der Vergebung sicher zu sein, ehe man über die Sünde unsicher geworden ist. „Immer fröhlich, immer fröhlich, alle Tage Sonnenschein, denn der Vater in dem Himmel nennt uns seine Kinderlein." Nicht wahr, das ist läppisch und infantil, auch wenn es zehnmal stimmt, dass Gott uns seine Kinder nennt. Aber dafür, dass wir seine Kinder sind, ist eben Blut geflossen, das ist das absolut Unselbstverständliche, dafür wurde das Kreuz von Golgatha errichtet, und dafür hat das Herz Gottes eine Wunde empfangen. Wie sollten wir da unsere eigene Wunde vergessen!

Vergessen wir das aber doch, dann wird uns die Gnade „selbstverständlich". Und das ist das Schlimmste.

Sie ist dann zu billigsten Schleuderpreisen zu haben – wie eine halb verdorbene Ware, die man jedem nachwirft. Dann wird diese Gnade ein anderer Ausdruck für die Harmlosigkeit und „Ungefährlichkeit" Gottes.

Das Jüngste Gericht wird unter der Hand zu einer Ausgeburt mittelalterlich pervertierter Fantasie, und das Gesetz Gottes wird aus einem elektrisch geladenen Stacheldraht, der uns von der Hoheitszone Gottes scheidet, zu einer Rosenhecke, in deren Schatten es sich wunderbar saufen und buhlen und schwarzhandeln und morden lässt. Darum – damit das nicht geschehe – reißt hier Jesus unsere tiefste Wunde auf und stopft die Gaze hinein, auch wenn es wehtut. Hier sieht uns auf einmal der Gekreuzigte an; und ehe wir von ihm das beseligende, das erlösende Wort vernehmen: „Das tat ich für dich", muss täglich aufs Neue von uns ein anderes Wort gesprochen werden: „Das tat ich gegen dich." Nur dann, nur dann begreifen wir das Kreuz auf Golgatha. Sonst wird es so harmlos, dass die Damen der Gesellschaft damit ihr Abendkleid zu schmücken wagen.

[IV,57-59]

Liebe als Echo

Weil Gott mir mit seiner Liebe entgegenkommt, weil er um mich gelitten hat und sein ganzes Herz mir entgegenschlägt, wenn er mir auf der Treppe des Vaterhauses entgegenkommt, darum, nur darum, kann ich ihn wieder lieben. Nur darum kann ich das ganze Gesetz auf einmal erfüllen. Denn die Liebe ist ja des Gesetzes Erfüllung.

Hier sieht man ein großes Geheimnis offenkundig werden: Es wird nämlich klar, warum das Gesetz mich niemals zum Ziel bringen kann, warum es mich immer nur zu verwunden und in der Wundheit zu erhalten vermag. Denn „auf Kommando" kann ich ja nicht lieben, auf Kommando kann ich nur parieren. Gehorchen, parieren heißt aber immer, dass ich etwas in mir überwinden, etwas niederkämpfen muss. Deshalb ist ja in der Volkssprache auch sehr drastisch vom „Schweinehund" die Rede, den es zu überwinden gilt, wenn der Befehl kommt. Der „Schweinehund" der Müdigkeit, der Angst, des Trotzes. Darum bin ich beim Gehorchen auch nie ganz dabei, sondern höchstens mit der besseren Hälfte meines Ichs, während die andere gleichsam in Opposition bleibt. Beim Lieben aber bin ich ganz dabei; denn Liebe ist ja eine Bewegung meines ganzen Herzens, Liebe ist ja immer überströmende und schrankenlose Hingabe. Darum kann man sie nie befehlen, darum kann sie nur in einem einzigen Fall Ereignis werden.

Ich kann nämlich nur dann mein ganzes Herz schenken, wenn mir ein ganzes Herz entgegenschlägt. Ich kann nur dann lieben, wenn mir Liebe entgegengebracht wird.

Und eben dieses Wunder geschieht nun, wenn ich vor Jesus stehe. Da schaue ich dem Vater mitten ins Herz: in das Herz, das sich losgerissen hat vom Liebsten, vom eingeborenen Sohn; in das Herz, das um meinetwillen blutet; in das Herz, das für einen Menschen schlägt, der da auf der untersten Stufe steht und seine Augen nicht zu erheben wagt. Und dieser eine Mensch bin ich.

Ja, den kann ich nun lieben, der da auf einmal neben mir steht auf der untersten Stufe, statt dass er in der Glorie des Himmels bleibt.

Was die Donner und Blitze des Berges Sinai nicht zuwege brachten, dass nämlich mein Herz zur Liebe frei wird und dass ich von ganzem Herzen Kind sein und mich im Vaterhause geborgen fühlen darf, das kommt durch den Einen zustande, der mir als Bruder entgegenkommt und mich geleitet.

„Siehe, hier bringe ich ihn", sagt er seinem Vater, nachdem er mich abgeholt hat tief unten, „ich habe ihn gar teuer erworben." Und um meines Bruders Jesus Christus willen darf ich kommen.

Ist es wirklich noch ein „Befehl", ist es noch ein „Gesetz", wenn es jetzt heißt: Lasset uns ihn lieben; denn er hat uns zuerst geliebt? Oder ist dieses Wiederlieben nicht bloß ein Echo, das ich gar nicht abzudämpfen vermag, weil es übermächtig in mir losbricht, ein Echo der jubelnden Gewissheit: Ich bin geliebt, ich bin geliebt, ich darf ja kommen?

[IV,62f]

Neuer Anfang

In der Vergebung ist die einzige Möglichkeit gegeben, wie die Welt von dem Echogesetz frei wird, wie sie von jenem furchtbaren und chaotischen Gesetz frei wird, nach welchem die Völker und die Einzelnen sich an der „Schuld des andern" immer aufs Neue entzünden und aufpeitschen und nach welchem die Schuld- und Vergeltungslawine zu immer gigantischeren Ausmaßen schwillt. Echo sind wir nämlich immer. Es fragt sich nur, auf was.

Entweder wir sind Echo auf das Unrecht, auf die Intrige, auf die Schikane, auf die Gemeinheit, die um uns her ist. Dann werden wir selber intrigant, schikanös und gemein. Oder wir sind das Echo auf Jesus Christus und damit das Echo auf das, was uns an vergebender und erneuernder und schöpferischer Liebe von unserem Vater her entgegentritt. Dann werden wir selber liebevoll, erneuernd, vergebend, schöpferisch und positiv.

Hier ist die einzige Möglichkeit, wo die Schraube ohne Ende eben doch noch ein Ende findet und wo das schauerliche Vergeltungsprinzip durchbrochen ist: Jesus Christus schenkt uns einen neuen Anfang!

[VI,119]

Menschlich gesehen

Der Glaube ist nicht etwas, das fix und fertig vom Himmel fiele. Und unsere Geschichte mit Gott beginnt durchaus nicht so, dass wir den ganzen Katechismus mit allen seinen Paragrafen unterschreiben und „für wahr halten" müssten. Gott ist viel zu barmherzig und zu generös, um das Ansinnen an uns zu stellen: „Wenn du Jesus nicht als meinen Sohn und damit als ‚Gottmenschen' anerkennst, gehörst du noch nicht dazu, dann bist du des Titels ‚Christ' noch nicht teilhaftig. Ich kann dich so bestenfalls auf die Liste der Anwärter setzen, und du musst zusehen, wie du langsam vom Ende der Schlange nach vorne rückst." So denken vielleicht manche menschlichen Eiferer; Gott aber denkt nicht so.

Ich weiß noch, wie das war, als ich auf das Gymnasium kam. Ich hatte die Aufnahmeprüfung bestanden und war von Stolz geschwellt, dass ich nun „dazugehörte". Da waren die Oberprimaner, die – aus meiner kindlichen Perspektive gesehen – vor Gelehrsamkeit fast zu bersten schienen, während ich kümmerlicher Dreikäsehoch noch kein lateinisches Wort kannte. Sie besaßen auch tiefe Männerstimmen, denn sie waren schon erwachsen, während ich noch einen Knabensopran hatte. Mochte ich denn noch eine unreife Traube am Stock und mochten die Primaner schon alter und abgeklärter Wein sein: Immerhin gehörte ich nun dazu. So ist es auch mit der Gemeinde Jesu: Dass

Jesus von Nazareth ein Mensch ist wie du und ich und dass er zugleich noch etwas anderes ist – eben das, was das Wort „Gottes Sohn" etwas hilflos daherstammelt –, das erfahre ich vielleicht, wenn ich lange in seiner Schule gewesen bin. Aber ich gehöre schon zu ihm, wenn ich nur den ersten Hunger und Durst nach der Gerechtigkeit in mir habe. Und wenn ich auf ihn zutrete und zu ihm sage: „Herr (wer du auch immer seist, du weißt ja besser als ich, wie sehr ich noch im Dunkeln tappe), Herr, hilf mir!", dann bin ich schon in seine Scharen eingereiht und gehöre „dazu".

Darum lassen Sie die Gottessohnschaft Christi, lassen Sie Ostern und Himmelfahrt ruhig auf sich beruhen. Denn jede Lehre, so hat Luther einmal gesagt, hat ihr Alter, ihre Zeit und ihre Stunde. Gieren Sie nicht nach der Reifeprüfung, wenn Sie noch ein Sextaner sind! Nehmen Sie Jesus so, wie er Ihnen zunächst erscheint: als einen edlen Menschen, der nur geliebt hat. Nehmen Sie ihn so, wie Sie irgendeinen Menschen nehmen, der Sie durch Seelengröße anrührt. Wenn Sie das tun, haben Sie zweifellos sein Geheimnis noch nicht begriffen. Sie gleichen dann jener seltsamen und doch eindrücklichen Gestalt des Neuen Testaments, die unter dem Namen des blutflüssigen Weibes bekannt ist (Matthäus 9,20ff). Sie trat „von hinten" an den Herrn heran und rührte seine Kleider an, um gesund zu werden. Doch sie hatte das Geheimnis Jesu noch nicht begriffen. Sie sah nur einen Magier, einen Zauberer in ihm und war der abergläubischen Meinung, dass der Kontakt mit seiner Ausstrahlung ihre Krankheit wegzaubern würde. Jesus für einen Magier zu halten, ist sicher eine primitivere Ausgabe des gleichen Missverständnisses, wie wenn ich ihn für einen edlen Menschen, für einen Albert Schweitzer in Großformat halte. Und doch drehte sich Jesus zu diesem kümmerlichen Weiblein herum und sah sie an und rühmte ihren Glauben und ließ sie wissen: Du gehörst dazu, obwohl du noch eine Anfängerin bist und obwohl es bei dir von Missverständnissen nur so wimmelt. Du gehörst dazu.

Wenn Sie Jesus zunächst so nehmen, wie er Ihnen Eindruck macht, wenn Sie ihn also ganz „menschlich" verstehen und in ihm einen Menschenbruder sehen, der uneigennützig liebt, der ganz aus Liebe besteht und der seinen Auftrag, Menschen mit einem neuen Sinn ihres Lebens zu beschenken, so ernst nimmt, dass er dafür stirbt – wenn Sie ihn so verstehen, haben Sie ihn zwar noch nicht von Angesicht zu Angesicht gesehen, aber Sie haben wenigstens den Zipfel seines Gewandes in die Hand genommen. Und wer ihn so festhält am äußersten Ende, wer ihn so an der Peripherie erfasst hat, zu dem wendet er sich um und sagt zu ihm: „Du gehörst zu mir, und nun begleite mich. Und wenn du mit mir gehst, wirst du von Tag zu Tag mehr merken, wer ich bin."

[II,29-31]

Zeugnis

Was wir in den Berichten über Jesus Christus vor uns haben, sind die Glaubenszeugnisse von Überwältigten. Anders als in solchem Zeugnis konnte man nicht von ihm reden – ganz gleich, ob das Zeugnis für ihn oder wider ihn war. Alle, die ihm begegneten, waren in diesen Bannkreis des Bekennens und Farbebekennens einbezogen: die Jünger und die Frauen unter dem Kreuz, aber auch der Offizier von Golgatha in seinem stotternden Ausbruch: „Wahrlich, dieser Mensch ist Gottes Sohn gewesen!"; und auch die Henker und die hohen Kleriker, Pontius Pilatus nicht zu vergessen. Nur eines konnte man auf keinen Fall: Neutral und unbeteiligt sein konnte niemand. Es gab keinen sachlichen Protokollanten, wenn einem das Blut in den Adern erstarrte.

Das Zeugnis von Überwältigten – nur das haben wir vor uns. Dahinter kann niemand zurück. Denn wir können nun auch unsererseits dieses Zeugnis nicht mit unberührter Objektivität durchdringen und den sogenannten historischen Jesus aus ihm herauspräparieren wollen. Wir können nur „Ja" oder „Nein" sagen. Es gibt nur die Alternative, mit dem Bekenntnis zu reagieren: „Mein Herr und mein Gott" oder mit der ebenso heftigen Abwehr: „Hebe dich hinweg von mir, und störe meine Kreise nicht!"

[II,98f]

Wer ist mein Nächster?

Wer Jesus Christus ist, erfährt man nicht, wenn man darüber nachgrübelt, ob es so etwas wie Gottessohnschaft oder Jungfrauengeburt oder Wunder gibt. Wer Jesus Christus ist, erfährt man von den gefangenen, hungernden, geängstigten Brüdern. Denn in ihnen will er uns begegnen. Er ist ja immer in der Tiefe. Und an diese Brüder komme ich nur heran, wenn ich die Augen aufmache, um das Elend um mich herum zu sehen. Und die Augen kann ich nur aufmachen, wenn ich liebe. Ich kann aber nicht hingehen und tun und lieben, wenn ich vorher frage: „Wer ist mein Nächster?" Auf diese Frage hat der Teufel nur gewartet; darauf wird er mir immer nur die bequemsten Antworten zuflüstern, und wir Menschen fallen immer auf das Bequemste herein. Lieben kann ich vielmehr nur dann, wenn ich im Sinne Jesu die Frage des Schriftgelehrten: „Wer ist mein Nächster?" umkehre. Dann heißt sie nämlich so: „Wem bin ich der Nächste? Wer ist mir vor die Füße gelegt? Wer erwartet Hilfe von mir, und wer sieht in mir den Nächsten?" Diese Umkehr der Fragestellung ist geradezu die Pointe des Gleichnisses vom barmherzigen Samariter.

Wer liebt, muss sich immer aus seinen Plänen und Vorhaben herausreißen lassen. Ich muss bereit sein, mich durch Aufgaben überraschen zu lassen, die Gott mir heute stellt. Gott zwingt mich immer zur Improvisation. Denn Gottes Aufgaben haben stets etwas

Überraschendes, und der gefangene und verwundete und geängstigte Bruder, in dem der Heiland mir begegnet, liegt ganz bestimmt dann an meinem Wege, wenn ich gerade etwas anderes vorhabe und mit ganz anderen Pflichten beschäftigt bin. Gott ist immer ein Gott der Überraschungen: nicht nur in der Art, wie er mir hilft – denn auch die Hilfe Gottes kommt ja ständig aus ganz andern Richtungen, als ich es vermute –, sondern auch in der Art, wie er mir Aufgaben stellt und Menschen über den Weg schickt.

[III,242f]

Wunden verhindern

Christliche Liebe hat nie nur den Sinn, Wunden zu verbinden und nachträglich als Samariter tätig zu sein, sondern sie hat ebenso die Aufgabe, Wunden zu verhindern und damit prophylaktisch zu wirken. Darum wird sie niemals nur anklagen, wenn sie mit Untaten konfrontiert wird, sondern sie wird bemüht sein, die Quelle der Untaten zu verstopfen. Das heißt aber, dass die christliche Liebe eine politische Dimension hat: Sie muss auch auf gesellschaftliche und wirtschaftliche Gefüge bedacht sein, in denen man in Frieden leben kann und nicht zu Hass, Rachegelüst und Amoklaufen stimuliert wird. In diesem Sinne versuche ich das neutestamentliche Gleichnis vom barmherzigen Samariter weiterzuspinnen: Als der Samariter heimkam, hat er dafür gesorgt, dass die Wälder nach räuberischen Elementen durchgekämmt wurden, damit nicht aufs Neue jemand unter die Mörder fiel. Aber noch mehr: Als man dann schließlich einige finstere Wegelagerer eingefangen hat, sieht er seine Samariterliebe auch diesen Burschen noch verpflichtet. Er erkundigt sich bei ihnen, warum sie denn kriminell geworden seien, und erfährt vielleicht, dass sie unter Milieuschäden und Jugendtraumata leiden (um es etwas zugespitzt modern auszudrücken). Dann wird er auch da eingreifen und Abhilfe zu schaffen suchen.

[VIII,33]

Warum? Wozu?

Solange ich frage: „Warum geschieht mir das?", drehen sich meine Gedanken immer nur um mich selbst. Und wer feinere, vom Evangelium geschärfte Ohren hat, hört daraus eine Anklage: Ich habe es nicht verdient. Wir behaupten eben immer, es ganz genau zu wissen, wie Gott verfahren will. Oft müssen wir später – vielleicht nach einigen Jahren und Jahrzehnten – beschämt bekennen, wie töricht und hochfahrend wir waren, als wir Gott diesen Vorwurf machten. Wie oft hat sich herausgestellt, dass jene dunklen Stunden, derentwegen wir die Faust gegen den Himmel ballten, nur Stationen auf den weisheitsvollen Umwegen seiner Führung waren, die wir nicht in unserem Leben missen möchten. So hilft uns Jesus, wenn er uns die Frage nach dem Warum abgewöhnt, dass wir von der ewigen Anklage gegen Gott loskommen und uns nicht mehr an ihr wund zu reiben brauchen.

Er lehrt uns nämlich eine sinnvolle Wendung unseres Fragens. Er sagt uns, dass wir nicht fragen dürfen „warum?", sondern „wozu?". Mit dieser Wendung der Frage wird Jesus selbst unser Seelsorger. Wenn wir diese Wendung verstanden haben, dann löst sich unsere im Schreck zusammengeschnürte Kehle, dann bekommen wir wieder Luft, dann können wir wieder rufen und werden nicht müde, weil wir aus dem tiefen Frieden unseres Herzens leben können.

Wieso ist das eine ungeheure Befreiung? Indem Jesus

uns fragen lehrt „wozu?", lernen wir von uns selbst hinwegsehen auf Gott und seine Zukunftspläne mit unserem Leben. Wir verlernen, uns in unsere eigenen Gedanken zu verrennen, und erhalten eine ganz neue, positive und kreative Richtung unseres Denkens.

Wir können immer wieder Folgendes bemerken: Alle Gemütskrankheiten und alle ausweglosen Traurigkeiten zeigen dieselben Erscheinungen, die der Arzt eine „egozentrische Struktur" nennt. Das soll heißen: Die Gedanken kreisen in den düstersten Stunden solcher Traurigkeit immer um mich selbst: Warum geschieht mir das, wie wird es mit mir weitergehen? Ich sehe keinen Ausweg mehr. Und je mehr ich mich an mich selbst verliere, umso unglücklicher werde ich. Dieses Unglück kann sich bis zu Krankheitsformen – etwa zu Neurosen – steigern. Daher sind auch alle egoistischen Menschen im Grunde unglücklich, einfach deshalb, weil sie selbst die Regenten ihres Lebens sein wollen und weil darum mit tödlicher Sicherheit der Augenblick kommen muss, wo sie nicht mehr weiterwissen.

Und eben da kommt Jesus mit lindernder Hand, hebt unseren Kopf hoch und zeigt, welches Glück es ist, dass wir eben nicht die Regenten sind, sondern dass Gott im Regimente sitzt und alles wohl führt und dass er etwas mit uns vorhat. Dann sehen wir plötzlich von uns weg (allein das schon ist eine unendliche Wohltat, dass wir uns nicht selbst immer im Blick stehen und uns so entsetzlich wichtig nehmen); dann sehen wir plötzlich von uns weg und erkennen über uns

Wolken, Luft und Winde und dürfen es wissen: Der diesen allen Wege, Lauf und Bahn gibt, der wird auch mich nicht vergessen und auch für mich ein Ziel meines Laufens und Wanderns im Auge haben. Das ist das Produktive dieser neuen Art zu fragen. Wir lernen von uns selber wegsehen und auf die Ziele blicken, die Gott für unser Leben bereitet hat.

[V,33-36]

Angst überwinden

In ähnlicher Weise wie bei dem bekannten Gallup-Verfahren wurde eine Anzahl Fragen an vorwiegend junge Menschen gerichtet. Eine dieser Fragen lautete: Mit welcher Grundempfindung stehen Sie dem Leben gegenüber? Sechzig Prozent antworteten in erschütternder Eindeutigkeit: mit Angst. Wie kommen Menschen, die in keiner Weise einen ängstlichen oder verdrückten Eindruck machen, dazu, eine derart befremdliche Antwort zu geben?

Wenn man feststellen will, ob ein Mensch Angst hat, oder besser: ob er ängstlich ist, so wird man geneigt sein, seine Stellung in der Lebensgefahr, also angesichts des Todes, zu erkunden. Versucht man, mit diesem Mittel die Richtigkeit jener Rundfrage zu kontrollieren, so wird man sehr schnell an einen toten Punkt kommen. Denn man wird von unserer Generation nicht sagen können, dass sie dem Tode gegenüber besonders furchtsam sei.

Man geht wohl nicht fehl, wenn man in jener Gallup-Antwort statt der Angst vor dem Tod die Angst vor dem Leben ausgesprochen sieht. Wenn der mittelalterliche Mönch Luther von Schuldangst gegenüber dem göttlichen Richter erfüllt war und sich ihm die Frage entrang: „Wie kriege ich einen gnädigen Gott?", so sind die heutigen Menschen von Schicksalsangst geschüttelt, von Angst vor den abgründigen Möglichkeiten, die das Leben birgt.

Tatsächlich spricht das heilige Buch der Christenheit den Menschen nicht nur immer wieder auf seine Schuld, sondern vor allem auch auf seine Angst an. Und wenige Sätze wiederholen sich so oft wie der Ruf in den Gottesfrieden, der eingeleitet zu werden pflegt mit den Worten: Fürchtet euch nicht!

Um das Wesen dieser Angst zu verstehen, wird es sich empfehlen, einmal die sprachliche Wurzel dieses Wortes zu bedenken: Angst kommt her vom lateinischen Wort „angustiae", das so viel bedeutet wie Enge des Atemraums, Beklemmung, so, wie sie sich im Maximalzustand der Angst etwa bei der Angina pectoris zeigt. Charakteristisch ist dabei, dass der Begriff Angst auf einen Zustand deutet, in dem die Frage, was mich ängstigt, zurücktritt oder gar nicht erscheint. Zum Wesen der Angst gehört die Unbestimmtheit des Bedrohungsgefühls.

Damit stehen wir vor der Frage, ob es nicht eine echte Überwindung dieser Angst statt ihrer trügerischen „Umgehung" geben könnte. Der Christ kann von dieser Überwindung nicht sprechen, ohne jener Gestalt zu gedenken, die von sich gesagt hat: „In der Welt habt ihr Angst, aber siehe, ich habe die Welt überwunden."

Das Überraschende der biblischen Botschaft ist nun dies: Sie sieht das Gegenteil von Furcht und Angst in der Liebe. „Furcht" – man könnte hier genauso gut sagen: Angst – „ist nicht in der Liebe", heißt es in den Johannesbriefen. Das ist deshalb überraschend, weil hier nicht Haltung, Tapferkeit und Heroismus gegen die Angst ausgespielt werden. Das alles wäre ja nur verdrängte, nicht aber überwundene Angst. Sondern die positive Macht, die die Angst überwindet, ist die Liebe. Was damit gemeint ist, verstehen wir nur, wenn wir die Angst in ihrer letzten Wurzel begriffen haben, dass nämlich Angst gestörte Bindung und dass Liebe die wiedergewonnene Bindung ist. Wem an der Gestalt Jesu aufgeht, dass es einen väterlichen Weltgrund gibt und dass er geliebt ist, der verliert die Angst. Er verliert sie nicht etwa deshalb, weil es jene bedrängenden Mächte nicht mehr gäbe. Auf dem Bilde Dürers „Ritter, Tod und Teufel" lauern sie alle noch am Wege. Aber sie haben keine Macht mehr über ihn. Wenn man ein Gleichnis will, so könnte man sagen: Wenn ich an der Hand des Vaters gehe, wenn ich dieser Hand gewiss bin, habe ich auch im dunkelsten Wald keine Angst mehr.

Wer Angst hat und um Christus weiß, darf dessen gewiss sein: Ich bin mit meiner Angst nicht allein, sondern er hat sie auch durchlitten. Damit entsteht ein ganz neues Verhältnis zur Zukunft: Sie ist nicht mehr die vernebelte Landschaft, in die ich angsterfüllt Ausschau halte, weil sich dunkle Fährnisse dort gegen mich zusammenbrauen. Nein, es ist alles ganz anders: Wir wissen nicht, was kommt, aber wir wissen, wer kommt. Wem aber die letzte Stunde gehört, der braucht die nächste Minute nicht mehr zu fürchten.

[X,94-96,98f]

Schöpferische Liebe

Wenn mein Lebensgefährte oder wenn mein Freund oder wenn überhaupt die Menschen in meiner Umgebung mir manchmal so fremd vorkommen und ich frage: Habe ich die rechte Ehe, habe ich die rechte Freundschaft geschlossen, und ist dieser eine Mensch wirklich der, der zu mir passt, dann kann ich darauf keine Antwort im Stil einer neutralen Diagnose geben und etwa feststellen: Dies spricht dafür und das dagegen, sondern dann springt doch diese Frage auf mich selbst zurück, und dann lautet sie so:

Habe ich dem anderen vielleicht zu wenig Liebe zugewendet, dass er so kalt und leer geworden ist? Habe ich das aus ihm werden lassen, was er nun vielleicht wirklich wurde? Der andere Mensch, den mir Gott zugesellt hat, ist das, was er ist, niemals ohne mich. Er ist nicht nur Bein von meinem Bein, sondern er ist auch Langeweile von meiner Langeweile und Liebesleere von meiner Liebesleere.

Genauso ist es ja mit unserem Verhältnis zu Gott: Wenn ein Mensch in Leere, Langeweile und Lebensüberdruss erstickt, dann liegt das daran, dass er sich nicht von Gott lieb haben lässt und dass er sich nicht in seine Hand legt. Wer nicht liebt, lässt den anderen verdorren. Und wer sich nicht lieben lässt, der vertrocknet. Denn Liebe ist etwas Schöpferisches.

Vielleicht ist es uns wirklich schwer, einen anderen Menschen zu lieben, weil er uns fremd geworden ist und weil sich eine beklemmende Kühle auf unser Verhältnis herabgesenkt hat. Dann sollten wir daran denken, dass Liebe niemals darauf wartet, bis der andere liebenswert geworden ist, sondern dass Liebe, die man wagt – und die man vielleicht durch kleine und schüchterne Zeichen, durch eine Blume oder einen Blick zum Ausdruck bringt –, dass diese Liebe schöpferisch ist und den anderen zu etwas erweckt, was wir mit unserem eintaxierenden Verstand schon längst nicht mehr wahrnahmen und womit wir nicht entfernt mehr rechneten.

Gott hat mit uns ja ebenfalls nicht gewartet, bis wir seiner würdig waren, sondern er hat uns schon vorher geliebt, er hat seine Liebe an uns gewagt (vgl. Epheser 2,11-13). Hat dann Jesus die Zöllner und die Dirnen, die Bettler und die Aussätzigen etwa deshalb geliebt, weil sie so attraktiv gewesen wären? Nein, sie waren in großer Finsternis und erstarben in ihrer völligen Belanglosigkeit. Da aber traf sie der Blick des Herrn, und sie wurden von einem Strahl seiner Liebe angerührt. So wurden sie neue Menschen. Es war das Schöpferische, es war die auferweckende Kraft der Liebe, die sie aus der Nichtigkeit herausriss und sie allererst zu etwas machte.

Der andere wartet auf meine Liebe, auf den schöpferischen Hauch, den Gott auch mir anvertraut hat. Erst wenn ich mit diesem Hauch liebe, werde ich erfahren, wer der andere überhaupt ist. Sonst bleibt er ein unentwickeltes Negativ, und ich habe keine Ahnung, welches Bild in ihm steckt. Ich habe vielleicht noch gar nicht erfasst, wer da neben mir geht. Der andere ist das, was meine Liebe aus ihm macht. Auch wir sind das, was Gottes Liebe aus uns macht.

[XI,103f]

Freiheit

Ich wüsste kein besseres Modell für die Frage, welchen Sinn unser Leben hat, als das Gleichnis Jesu vom verlorenen Sohn (Lukasevangelium, Kapitel 15). Um das sichtbar zu machen, darf man freilich diese Geschichte nicht moralisch verstehen: so, als ob es also um einen missratenen Jungen ginge, der seinem Vater davonläuft. Diese Geschichte hat einen ganz andern Sinn als den einer bloßen Moralpredigt, sie hat sozusagen viele Sinnschichten, sodass man sie kaum ausschöpfen kann.

Der junge Mann ging wohl weg, um sich selbst zu finden. Damit man sich selber finden kann, muss man manchmal eigene Wege gehen. Zu Hause, in der Atmosphäre seines Elternhauses, musste er ja immer tun, was der Vater wollte oder was die häusliche Sitte erforderte. Da fühlte er sich abhängig. Er konnte nicht tun, was er wollte, sondern er konnte nur tun, was sich eben gehörte. Und darum gehörte er nicht sich selbst, sondern er gehörte den Gepflogenheiten und Gesetzen seines Elternhauses. Da er außerdem nur der jüngere Bruder war, kam er erst recht nicht zu eigener Entfaltung.

Darum ging er weg, um sich selbst zu finden. Man könnte auch sagen: Er ging weg, um die Freiheit kennenzulernen. Und diese Freiheit, die ihn lockte und die ihm versprach, dass er nun einmal ganz „er selbst" sein dürfe, diese Freiheit erschien ihm als Freiheit von allen Bindungen.

Nun aber berichtet die Geschichte etwas Merkwürdiges:

Sie sagt uns nämlich, der verlorene Sohn habe all sein Gut mit unrechten Freunden, zweifelhaften Frauenspersonen und anderem üblen Gelichter vertan, sei schließlich an den Bettelstab gekommen, von allen verlassen worden und habe zu guter Letzt die Schweine hüten und aus dem Schweinetrog essen müssen.

Wenn also in seinem Aufbruch ein gewisser idealistischer Schwung gelegen und wenn ihn so etwas wie die Sehnsucht nach der Freiheit getrieben haben mag, so ist er bald kläglich gescheitert. Er suchte die Freiheit und sah sich sehr bald geknechtet an seine Triebe, an seinen Ehrgeiz, an die Angst vor der Einsamkeit, der gegenüber ihm jeder noch so obskure Gefährte gerade recht war; er war geknechtet an den Mammon, mit dessen Hilfe er seinen Leidenschaften frönte. Und also war er nicht frei, sondern er war auf eine neue Weise gebunden. Aber diese Bindung war schrecklicher als alles, was er einmal als häusliche Bindung beklagt hatte.

Was war passiert? Nun, ganz einfach dies, dass er sich im Gegensatz zu dem, was er sich vorgenommen hatte, eben selber nicht fand, sondern dass er sich verlor. Als er sich selber suchte, da meinte er, er würde sich finden, wenn er einmal alle seine Anlagen und Gaben zur Entfaltung brächte. Tatsächlich hat er sich dann in der „freien" Fremde ja auch entfalten können. Aber was war es, was sich da als seine „geprägte Form" nun „lebend entwickelte"? War es das sogenannte bessere Ich, waren es seine idealistischen Motive, die da zum Zuge kamen? Vielleicht war das alles auch dabei. Aber jedenfalls entwickelten sich bei seiner Selbstentfaltung auch die dunklen Seiten seines Wesens: Trieb, Ehrgeiz, Angst, Wollust. Indem er sich selbst entfaltete, wurde er gerade an das verknechtet, was sich an dunklen Gewalten in ihm meldete und sich eben mit entfaltete. So saß er schließlich im gräulichsten Elend einer Tagelöhnerschaft. So war er plötzlich der letzte Knecht.

Nun passiert die zweite Merkwürdigkeit:

Als er so im Elend des Knechtsdaseins sitzt, da sehnt er sich nach der Freiheit, die er als Kind im Elternhaus genossen hatte. Nun weiß er auf einmal, dass sie wirkliche Freiheit war. Ja, er weiß noch mehr: Er weiß nämlich plötzlich, dass Freiheit nicht etwa Bindungslosigkeit ist (die hat sich ja gerade als Knechtschaft entlarvt), sondern dass die Freiheit nur eine besondere Form der Bindung ist. Freiheit habe ich nur als Kind meines Vaters. Freiheit habe ich nur, wenn ich im Einklang mit meinem Ursprung lebe, wenn ich also – so heißt das dann ohne Bild – im Frieden mit Gott bin.

Man wird nach allem Gesagten sicher verstehen, warum ich diese Geschichte als einen entscheidenden Beitrag zu der Frage nach dem Sinn des Lebens bezeichnet habe. Denn diesen Sinn gewinne ich ja nur, wenn ich die Erfüllung meines Lebens finde, wenn ich also das verwirkliche, wozu ich entworfen bin. Und ebendarum ging es auch dem verlorenen Sohn:

Auf allen seinen Irrfahrten, die ihn zu sich selber führen sollten, musste er merken, dass er sich gerade nicht fand, wenn er sich selber suchte, sondern dass er nur dann zu sich selber kam, wenn er zum Vater kam. Das liegt daran, dass der Mensch seinem Wesen nach eben nicht eine geprägte Form ist, die sich nur lebend zu entwickeln brauchte, die also alles an Keimanlagen in sich trüge, was dann nur zu wachsen brauchte, sondern dass er eben ein Kind Gottes ist, das sich nur dann verwirklicht, wenn es in seine mündige Sohnschaft hineinwächst, und das sich gerade verfehlt, wenn es sich als ein isoliertes Ich und gleichsam als einen Solisten der Lebenskunst sucht.

[V.101-103]

Heimkehren

Der verlorene Sohn konnte überhaupt nur heim und kam wieder zurecht, weil für ihn der Himmel und der Vater bereitstanden. Sonst hätte er sich im besten Falle (das heißt, wenn er nicht vollends verstockt oder Nihilist geworden wäre) nur aufrappeln und ein bisschen Haltung annehmen können. Aber die inneren Qualen wären geblieben. Das Gewissen hätte ihn unter der Decke seiner Haltung weiter verklagt.

Jesus aber will uns zeigen, dass es eben anders ist und dass uns eine ganze Befreiung geschenkt werden soll. „Ihr habt recht", sagt er, „ihr seid verloren, wenn ihr auf euch blickt. Wer hat denn nicht gelogen, gemordet, die Ehe gebrochen? Wem liegt das nicht als lauernde Möglichkeit im Herzen? – Ihr habt recht, wenn ihr euch verloren gebt. Aber seht: Nun ist etwas geschehen, was nichts mit diesem eurem Herzen zu tun hat, was euch einfach bereitet ist. Nun ist das Reich Gottes mitten unter euch, nun ist das Vaterhaus weit geöffnet. Und ich – ich bin die Tür, ich bin der Weg, ich bin das Leben, ich bin die Hand des Vaters. Wer mich sieht, der sieht den Vater. Und was seht ihr denn, wenn ihr mich seht? Ihr sehr jemanden, der zu euch in die Tiefe gekommen ist, wo ihr nicht in die Höhe konntet. Ihr seht, dass Gott also die Welt geliebt hat, dass er mich, seinen Sohn, in diese Tiefe hineingab, dass er sich's etwas kosten ließ, euch zu helfen, dass es durch Schmerzen Gottes ging, dass Gott etwas gegen sich selbst unternehmen musste, um mit eurer Schuld fertigzuwerden, um den Abgrund zwischen euch und sich ernst zu nehmen und ihn doch zu überbrücken. Das alles seht ihr, wenn ihr mich anschaut!"

So also weist Jesus Christus, der dies Gleichnis erzählt, zwischen allen Zeilen und hinter allen Worten auf sich selbst hin.

Und er erzählt uns nicht von diesem Vater, sondern in ihm ist der Vater. Er macht uns keine Lichtbilder vor von einem angeblichen Himmel, der den Sündern offensteht, sondern in ihm ist das Reich Gottes mitten unter uns. Sitzt er nicht mit den Sündern an einem Tisch? Geht er nicht den Verlorenen nach? Ist er nicht bei uns, wenn wir sterben müssen und die anderen alle zurückbleiben? Ist er nicht das Licht, das in der Finsternis scheint? Ist er nicht die Herzstimme des Vaters, die uns mitten in der Fremde überfällt, überfällt mit jener fröhlichen Nachricht: Du darfst heimkommen?

Das letzte Thema dieser Geschichte heißt also nicht: vom verlorenen Sohn, sondern: vom Vater, der uns findet. Das letzte Thema heißt nicht: von der Untreue der Menschen, sondern es heißt: von der Treue Gottes.

Daher klingt die Geschichte auch in einem rauschenden Freudenfest aus: Wo Vergebung gepredigt wird, da ist Freude, und da sind Feierkleider. Man muss diese evangelische Geschichte wirklich so lesen und hören, wie sie gemeint ist: als eine frohe Nachricht, an die wir gar nicht gedacht haben, ja, die uns verblüffen müsste, wenn wir sie zum ersten Male hören könnten, als eine

Nachricht, dass mit Gott alles so ganz und gar anders ist, als wir es dachten oder auch fürchteten; dass er seinen Sohn zu uns geschickt hat und uns zu unbeschreiblicher Freude lädt.

Das letzte Geheimnis dieser Geschichte heißt: Es gibt für uns alle eine Heimkehr, weil es eine Heimat gibt.

[III,26-28]

Gewohnheit

Man stelle sich einmal Folgendes vor: Der ältere Bruder lebt von seiner Jugend an, und er lebt jeden Tag neu von morgens bis abends in der Atmosphäre und in der Behütung des Vaterhauses. Natürlich liebt er den Vater und seinen Umgang. Aber dass er ihn liebt und dass er auch von ihm wiedergeliebt wird, ist so selbstverständlich, dass man es kaum noch bemerkt, dass man auch gar nicht darüber spricht. Es wäre ihm direkt komisch vorgekommen, wenn er etwa zu dem Vater gesagt hätte: „Vater, heute habe ich dich besonders lieb!" Über das, was einem so selbstverständlich und so nahe ist wie die Luft zum Atmen, denkt man nicht nach. Dafür dankt man auch nicht. Es ist so ähnlich bei manchen alten Ehepaaren: Man ist einander gewöhnt, man fasst es kaum noch in Worte, was man aneinander hat, und man merkt erst, was der andere für einen bedeutet, wenn er einmal verreist ist oder wenn man verwaist am offenen Grabe zurückbleibt. So ungefähr steht auch der ältere Bruder zu seinem Vater.

Gleicht nicht auch der Christenstand vieler Menschen diesem Verhältnis? Sie haben von früh an gehört, dass es einen „lieben Gott" gibt, und sie haben sozusagen von der Vergebung und vom Versöhnungstode des Herrn eher etwas vernommen, als sie die Sünde erlebt haben, die ihnen vergeben werden soll. Wenn einem aber die Vergebung durch die Gewohnheit gleichsam selbstverständlich geworden ist, dann wird sie unter der Hand verfälscht. Dann versteht man unter dem „lieben Gott" jemanden, der einem nicht ernstlich böse sein kann, jemanden, der doch nichts krummnimmt und fünfe gerade sein lässt. Der Himmel wird zu einer Gummiwand, die immer nachgibt. Ernstlich den Schädel daran einzurennen, ist gar nicht möglich. Das Wunder der Vergebung ist zu einer Banalität geworden.

Es gehört kein großer Scharfblick dazu, um zu erkennen, dass so ein „Glaube" keine Freude und keine Befreiung mehr ist. Was es heißt, mit einem wunden, gequälten Gewissen herumzulaufen, vom Nichts der Sinnlosigkeit gepeinigt, von Zufall und Schicksal umlauert, an heimliche Bindungen gefesselt zu sein und dann seinen Blick wieder frei erheben zu dürfen und ein väterliches Herz und einen lebendigen Heiland zu haben – das alles kann man dann nicht mehr erleben. Es kann geradezu der Tod unseres Glaubens sein, wenn wir vergessen, dass es buchstäblich ein Wunder, dass es ein Geschenk, dass es das schlechthin Unselbstverständliche ist, wenn wir sagen dürfen: „Abba, lieber Vater" und „Mein Herr und mein Gott".

Man muss freilich nicht in die Fremde gehen und muss keineswegs erst tüchtig drauflosgelebt und gesündigt haben, um dies Wunder einer Heimkehr zu erleben. Es genügt völlig, wenn ich jeden Tag bei meinem Morgengebet zunächst einmal dafür danke, dass ich mit Gott überhaupt reden darf, dass er mir versprochen hat, mich anzuhören, und dass ich alle Lasten meines Herzens vor ihm niederlegen darf.

Wenn ich recht danken lernen will, muss ich darüber „nachdenken", welches Wunder mir damit widerfährt. Denn Danken und Denken gehören zusammen. Beides ist ein Dienst und kann nicht voneinander gelöst werden. Beides ist gleichsam ein Exerzitium, das wir jeden Tag zu vollziehen haben.

[III,35f]

Feindesliebe

Wie kann ich es dahin bringen, einen Feind zu lieben?

Wir beginnen mit der Vorfrage, wie Jesus denn zu seiner Feindesliebe gekommen ist. Was ist denn ganz einfach geschehen, wenn Jesus jene tiefste Liebe übte, die es ihm sogar ermöglichte, am Kreuz für seine Feinde zu bitten? Er sagte: „... denn sie wissen nicht, was sie tun." Dieses Wort kann er aber doch nur aussprechen, wenn er noch etwas ganz anderes in ihnen sieht als eine sadistisch erregte Volksmasse und als einen wüsten Haufen menschlicher Bestien. Das kann er nur sagen, wenn er in denen allen, die geifernd und brüllend sein Kreuz umstehen, verlorene und verirrte Kinder sieht.

Sein Blick durchdringt also die äußere Schmutzschicht und erblickt dahinter etwas ganz anderes, das nämlich, wozu diese Menschen eigentlich bestimmt sind und welchen Plan Gott eigentlich mit ihnen hatte. Jeder Mensch ist nämlich letzten Endes ein Gedanke Gottes, wahrhaftig ein furchtbar entstellter und schier unkenntlich gewordener, aber doch eben ein Gedanke Gottes. Und wenn die Kirche Jesu Christi auch in die Zellen der größten Verbrecher und der Mörder den Seelsorger schickt und sie in der Nacht vor der Hinrichtung, in dem Augenblick also, wo die Sühne des Rechtes erfolgen soll, an den königlichen Tisch des Herrn lädt, dann ereignet sich dasselbe, was im Gebet Jesu für seine Quäler und Verfolger geschah: Dann bekennt sich die Kirche Jesu noch zu diesem Gedanken Gottes im Verbrecher, bekennt sie sich zu seiner Gotteskindschaft, die er verloren, aber eben darum auch besessen hatte und die ihm nun im Namen des Leidens und Sterbens seines Heilandes wieder angeboten wird.

Dasselbe drückt Ralph Luther einmal so aus: „Seine Feinde lieben bedeutet nicht, den Schmutz lieben, in dem die Perle liegt, sondern die Perle lieben, die im Staube liegt." Die Feindesliebe beruht also nicht auf einem Willensakt, sie beruht nicht auf einer Art „Selbstbeherrschung", kraft deren ich alle Hassgefühle zu unterdrücken suche (das würde nur zu Komplexen und Verkrampfungen führen), sondern sie gründet in einem Geschenk und in einer Gnade: dass mir nämlich ein neues Auge geschenkt wird und dass ich mit diesem Auge in anderen etwas Göttliches sehe.

[IV,90f]

Unser tägliches Brot

Stellt euch vor, Jesus hätte uns geboten, mit dem Vater im Himmel nur über die großen Dinge zu sprechen: über das Reich Gottes, über die Weltherrschaft Christi, über die Auferstehung der Toten und vielleicht noch über einige jener „welthistorischen Perspektiven", die sich bei der Beurteilung der gegenwärtigen Gesamtlage auftun und für die man immerhin große Gesichtspunkte aufwenden muss. Wären wir dann nicht schauerlich allein gelassen? Wäre dann nicht der größte Teil unseres Lebens einfach vaterlos geworden, wäre er nicht sich selbst überlassen und in eine kalte Einsamkeit zurückgestoßen? Gott wäre dann wirklich aus dem bedrängenden Alltag unseres Lebens ausgeklammert, und nur ein ganz kleiner Feiertagssektor dieses Lebens wäre gewürdigt, dass Gott in ihm Wohnung machen dürfte. Wir wären alle Waisen wenn es so wäre. Nur im Sonntagsstaat und mit feiertäglich erhellten Gesichtern dürften wir unserem Stiefvater einen gelegentlichen Besuch abstatten und müssten alle Schwielen unserer Hände, alle Kummerfalten unseres Gesichtes, wir müssten alle kleinen Fröhlichkeiten und Kümmernisse unseres Lebens vor ihm verborgen halten, um dann im nächsten Augenblick wieder so entsetzlich allein zu sein, wenn draußen vor den Repräsentationsräumen des Stiefvaters das alles wieder in der geballten Ladung unseres Alltags auf uns hereinbricht.

Gott sei Dank, dass es nicht so ist und dass wir keinen „Feiertagsstiefvater", sondern den Vater unseres Herrn und Bruders Jesus Christus haben. Gott sei Dank, dass dieser Vater so barmherzig und realistisch ist, dass er die Kleinigkeiten unseres Lebens (einschließlich des warmen Pullovers und unseres täglichen Brotes) genauso wichtig eintaxiert, wie sie in unserem Leben nun einmal sind. Gott sei Dank, dass er uns so nimmt, wie wir dastehen: als lebendige Menschen mit ihren vielleicht großen Träumen und manchmal sogar mit ihren großen Ideen und Taten – und mit den vielen kleinen Wünschen und Ängsten.

Wer das aber nicht glauben wollte, der brauchte nur Jesus von Nazareth selbst anzusehen, ihn, der nicht in den großzügigen Verhältnissen des Himmels bleibt, sondern in unsern bedrängenden Erdenalltag kommt, wo sich die Dinge hart im Raume stoßen.

Und er, dessen Auge in grenzenloser Weite den ersten Schöpfungstag und die Stunde des Jüngsten Gerichtes umspannt und in dem alle Ewigkeiten sich widerspiegeln; er, dessen ausgestreckter Arm über die Meere, Inseln und Kontinente geht, weil ihm alle Gewalt im Himmel und auf Erden gegeben ist: Er hält sich bei den Kleinigkeiten des Menschengeschlechtes auf, bei der Traurigkeit einer Mutter, die ihren Sohn verloren hat (Lukas 7,11ff), bei der Lähmung des Gichtbrüchigen (Markus 2,1ff), bei der Müdigkeit der Jünger (denen er zuruft: Ruhet ein wenig! Markus 6,31), und ihm entgeht es nicht, dass die Leute, die ihm in die Wüste nachgefolgt sind, einen knurrenden

Magen haben. Sogar für den Wein bei einer Hochzeit ist er besorgt (Johannes 2,1ff). Und den scheinbar lebensunwerten Existenzen, die noch viel kleiner sind als die sogenannten „kleinen Leute", den Aussätzigen, Lahmen, Geisteskranken, wendet er seine besondere Liebe zu.

Und eben darum, weil der Herr so um den Menschen weiß, weil er um seine kleinen Wünsche und Hungrigkeiten weiß, um den Mehltau von Sorgen, Schmerzen und tausendfältigem Kleinkram, und weil er die fast ebenso vielen kleinen Freuden kennt, von denen dieser Mensch heimlich lebt, darum holt er ihn ja auch hier, mitten in seinem Alltag, ab. Bis in die Tiefe des Stalles beugt er sich zu ihm herab. Denn auch die äußere Gestalt des Weihnachtswunders hängt ja wieder mit einer „Kleinigkeit" zusammen, die der Herr auf sich nimmt, um uns in der Welt der „kleinen Dinge" abzuholen: nämlich mit dem Fehlen einer Hotelunterkunft und mit Obdachlosigkeit. Und wir Leute einer zerstörten Stadt wissen ja, was solche uninteressanten Kleinigkeiten für unser Leben bedeuten, und wissen diesem Heiland Dank, dass er unser Bruder auch in den kleinen Dingen des Lebens geworden ist, dass er sich bis zu unserem Hunger und Durst und bis zu unserer Obdachlosigkeit herabneigt (Matthäus 8,20).

[VI,82-84]

Die weiße Weste

Mit allem, was groß und schön und positiv ist in meinem Leben, identifiziere ich mich. Da sage ich: Das bin ich, gleichgültig, ob es um Begabung, einen starken Motor oder um das Bankkonto geht. Und andererseits: Von allem, was mich schuldhaft belastet, was shocking oder problematisch ist in meinem Leben, distanziere ich mich, da sage ich: Das bin ich nicht.

Es ist nun eine der erstaunlichen und verblüffenden Wandlungen, die wir als Christen erfahren, dass wir in beiden Fällen total umlernen müssen:

Die Bergpredigt zum Beispiel leuchtet hinter unsere weiße bürgerliche Weste. Die Bergpredigt sagt nicht: Ja, lieber Mensch, du bist deine weiße Weste, sondern sie sagt: Du bist das, was unter deiner weißen Weste ist. Und was ist da los? Ich zitiere ein Beispiel:

Jesus Christus setzt sich in der Bergpredigt mit dem alten Gebot auseinander: Du sollst nicht töten. Nun ist vermutlich niemand von uns ein Mörder; deshalb meinen wir, beruhigt abschalten zu können. Doch Jesus fährt fort: Nicht nur der ist ein Mörder, der einen anderen erdolcht, sondern auch einer, der seinen Bruder „nur" hasst, ist ein Mörder. Er sagt also, dass wir die Anlage zum Mord in uns haben, dass wir sozusagen die ersten Stadien einer Mordhandlung durchlaufen und dass dies unsere, oder genauer, dass es meine Gedanken sind, die mich da zum Mörder machen.

Wenn er uns auf den Raum hinter unserer weißen

Weste anspricht, auf diesen Raum, wo wir potenzielle Mörder und Ehebrecher sind, will er uns sagen: „Seht, ich weiß ja, wie es um euch steht. Ich bin aus der Etappe des Himmels heruntergekommen und in die vordersten dreckigsten Gräben gegangen, in denen ihr kämpfen und in denen ihr euch mit anderen und mit euch selbst herumschlagen müsst. Ich weiß doch, wie das ist! Ich habe es an mir selbst erlitten. Schließlich habe ich drei teuflische Versuchungen hinter mich bringen müssen; ich habe auf demselben Schlachtfeld gestanden wie ihr. Auch mein Herz hat dabei gebebt. Aber nun muss ich euch etwas sagen", so fährt Christus gleichsam fort: „Im Hause meines Vaters im Himmel sind keine Garderobenständer, auf denen weiße Westen als Ausweis für den Himmel eingesammelt werden, sondern da sind festliche Tafeln gedeckt, an denen ich mit meinen Menschenbrüdern sitze. Jeder von ihnen ist ein sehr problematischer Geselle, genau wie du. Aber gerade das ist die Frohe Botschaft: Genauso, wie ihr seid, dürft ihr kommen und sollt ihr angenommen werden. Hier braucht ihr die Tarnung der weißen Weste nicht mehr. Ihr werdet geliebt und willkommen geheißen, so, wie ihr seid, auch unter eurer Weste seid. Denn ihr kommt ja als meine Brüder. Ich bringe euch doch mit. Und ich hab es mir wahrlich nicht leicht gemacht, euch abzuholen, euch zu ‚erwecken' und loszureißen."

Wir müssen noch nach der anderen Richtung umlernen. Ich sagte soeben am Beispiel von dem Auto und der Begabung: Wir Menschen neigen dazu, uns mit allem Positiven, das unser Leben bereichert, zu identifizieren. Das wird auch anders, wenn wir Christen werden. Da lernen wir nämlich für alles Schöne und Große in unserem Leben zu danken. Und wenn wir danken, sagen wir ja gerade: Das bin nicht ich, sondern das habe ich geschenkt bekommen.

Das, was wir haben: unsere Familie, unsere Freunde, unsere Gesundheit, den Anblick des Meeres und der Berge, das bleibt uns nun nicht mehr so selbstverständlich, es wird uns vielmehr zu einem unverdienten Geschenk, sobald wir Gott dafür zu danken gelernt haben. Das gibt uns ein neues und beglückendes Lebensgefühl. Wir lernen gleichsam, bewusster zu leben. In jedem Augenblick erfahren wir neu, dass wir von liebenden Händen geführt und von einem väterlichen Herzen gesegnet werden. Wir wursteln und vegetieren nicht mehr so dumpf dahin, sondern wir merken plötzlich, was „leben" heißt. Wir leben im Namen des Wunders, und dieses Wunder heißt: Wir sind beschenkte Menschen, wir haben eine Heimat in dieser und der zukünftigen Welt. Wir brauchen uns und anderen nichts mehr vorzumachen. Wir dürfen kommen, wie wir sind. Es lohnt sich zu leben, denn unser Leben hat einen Sinn. Wer zu danken gelernt hat, lebt als ein Befreiter.

[V,81-849]

Von einem Liebenden durchschaut

Leiden und Vergebung

Dein Wille geschehe

Wir Menschen kommen nicht nur aus Schwäche immer wieder dahin, den Willen Gottes nicht zu tun, weil wir es sozusagen an der nötigen Energie des Gehorsams fehlen lassen, weil wir zu schlapp sind und zu früh abhängen. (So hat Kant die menschliche Natur gedeutet: dass sie zwar um die Norm des Guten, um den kategorischen Imperativ wisse, aber in ihrer sittlichen Anstrengung immer hinter jener Norm zurückbleibe.) Nein, die Krankheit sitzt tiefer: Wir leiden unter einer solchen Verirrung und Verzerrung unserer Wertmaßstäbe, dass wir es nicht anders wollen. Das ist unschwer einzusehen: Unser Wille gestaltet und verfolgt zum Beispiel bestimmte Lebenspläne. Je mehr er das tut, umso zielbewusster ist er – und das ist ja eine durchaus positive Eigenschaft. Wir wollen zum Beispiel unter allen Umständen eine gewisse Wohnkultur, wir wollen beruflichen Erfolg, wir wollen unsere Familie glücklich sehen – und wenn dann alles anders kommt, ballen wir die Faust und verfluchen den Willen Gottes, der uns unsere Konzepte verdirbt, oder wir geraten in Anfechtung und Zweifel, und die Liebe droht zu erkalten.

Und über dem Hadern werden wir immer hungriger und leerer. Denn kein Mensch, auch wenn er es hundertmal hoffen mochte, ist noch je durch das Sichverbohren in den eigenen Willen glücklich geworden.

So müssen wir auch die Gethsemanestunde verstehen, in der Jesus diese unsere Willenskrankheit auf sich nimmt und in der tiefsten Anfechtung seines Willens unser Bruder wird. Wer diese Geschichte auf ihre innersten Herztöne abzuhorchen versucht, muss ja feststellen: Als Jesus hier unter blutigem Schweiß mit seinem Schicksal ringt, das über Galgen und äußeren Bankrott führen soll, da kämpft er im Grunde mit Gott nicht darum, dass er doch noch „seinen eigenen" Lebensplan akzeptieren möchte (sofern man überhaupt die Kategorie des „Eigenen" auf den Heiland anwenden darf!). Er kämpft nicht darum, dass er ohne Leiden, ohne das Sterben am Kreuz seine messianische Bestimmung erfüllen möge. Sondern er ringt darum, dass dieser eigene Wille eben nicht zwischen ihn und den Vater trete; er ringt darum, dass er den Kontakt mit dem Vater nicht verlieren möge. Und wenn dann schließlich dieser Seelenkampf mit den Worten endet: „Nicht mein, sondern dein Wille geschehe", dann ist das wiederum nicht etwas, das er mit zusammengebissenen Zähnen sagt – so, wie jemand das sprechen mag, der nach übermenschlichen Anstrengungen nun doch wider Willen kapitulieren muss und der das in der Stimmung tut: Es geht eben nicht anders, ich muss mich fügen; der Wille des Schicksals hat sich als stärker erwiesen als mein eigener. Sondern der nächtliche Kämpfer von Gethsemane sagt das in einem seligen Gefühl der Befreiung: Gott sei Dank, dass ich mich deinem Willen überantworten darf. Gott sei Dank, dass ich nun alles Eigenwillige, alle eigenen Träume und Hoffnungen – „Wie hatte ich mir dies und das so schön gedacht!" – über Bord werfen darf, dass ich darauf verzichten darf und dass mir alles nun auch in einem letzten Sinne nicht mehr wehtut und gar kein ernsthaftes Opfer mehr ist, sondern dass ich mich dir getrost in die Hand legen darf.

Es ist deshalb nicht umsonst, dass am Schluss der Gethsemanegeschichte von dem Engel die Rede ist, der ihn stärkte. Es ist die Stunde des Engels und der Teilnahme an der verklärten Welt, es ist die Stunde einer sehr geheimnisvollen und verborgenen Seligkeit.

[VI,72-74]

Jesu Leiden

Jesu Leiden am Menschen ist der Grundton in der Melodie seines Lebens von Anfang an: Schon als er diese unsere Welt betritt, ist kein Raum in der Herberge, können wir Menschen ihn nicht brauchen. Bei den Tieren tut er seinen ersten Schlaf. Die Krippe, in der er liegt, ist von dem gleichen Holz wie das Kreuz, an dem er schließlich endet. Schon als Säugling sind ihm Ruhe und Geborgenheit genommen. Er hat nicht nur lokale Schwierigkeiten in Bethlehem, sondern er wird auch zum politischen Skandal: Herodes, der Repräsentant des Staates, wittert schon in dem Kinde eine Macht, die an die Grundfesten der Welt rührt und die eine Unruhe, ein Feuer in der Welt sein wird.

So geht er wie ein Fremdling, heimatlos und unbehaust, über unsere Erde und hat nichts, da er sein Haupt hinlegt. Und wenn sie ihm zujubeln: „Hosianna!", dann ist es ganz sicher ein Missverständnis. Sobald sie es gemerkt haben, wer ihnen hier begegnet, brüllen sie: „Kreuzige ihn!"

Später, gegen Ende seines Lebens, bricht er in Tränen aus (Lukas 19,41), als er Jerusalem sieht, das sich ihm verschlossen hat und das die Unheilsvögel nicht bemerkt, die schon über ihm kreisen: „Wie oft habe ich deine Kinder versammeln wollen, wie eine Henne ihre Küchlein versammelt unter ihre Flügel; aber ihr habt nicht gewollt" (Matthäus 23,37).

Das ist sein Leiden: Wissend mit ansehen zu müssen, wie der, den man liebt, ahnungslos in sein Verderben rennt, wie er alle Warnungen überhört und das rettende Seil nicht ergreift.

In Nietzsches „Zarathustra" heißt es einmal: „Ihr leidet noch nicht genug, denn ihr littet noch nicht am Menschen." Hier aber ist jemand, der am Menschen leidet. Und ein anderes Mal: „Die Liebe zum Menschen ist Gottes Hölle." Hier geht einer durch diese Hölle.

Schließlich schlägt noch die letzte, die unüberbietbare Einsamkeit über ihm zusammen, als ihn auch die noch verlassen, die seine Gefährten gewesen waren. Als Sokrates den Schierlingsbecher trank, war er von seinen Getreuen umgeben, von ihrer Verehrung getragen und starb unter philosophischen Gesprächen. Dieser aber hing zwischen Verbrechern, unter ihm grölte die Soldateska, und es waren nicht die Fetzen philosophischer Gespräche, die zu ihm empordrangen. Nur ein paar Frauen weinten still vor sich hin. Aber auch die weinten am Thema vorbei. Denn nicht das erschütterte sie, dass hier einer die letzte Qual ihrer (und unser aller!) Gottentfremdung durchlitt, sondern sie schluchzten nur über die durchgrabenen Hände und die Schmerzen seines Todeskampfes.

Fast könnte sich dies alles so anhören wie der Text einer Tragödie, in der der Held, der das Absolute will, von der Gesellschaft wie ein Fremdkörper ausgestoßen wird und an den Relativitäten dieser Welt zerbricht. Diese Schicksalskurve ist uns ja vertraut. Und mancher mag tatsächlich diesem Klang des Tragischen zum Opfer fallen, wenn er etwa die Oberammergauer Passionsspiele sieht, und vielleicht sogar, wenn er mit nur musikalischem oder literarischem Interesse die Matthäuspassion hört. Doch dann hätte er die falsche Wellenlänge eingestellt.

Was hier wirklich vor sich geht, begreifen wir nur, wenn wir die Frage stellen, worin denn dieses sein Leiden bestanden habe.

Sein Leiden lässt sich in einer einfachen Formel ausdrücken: Er hat daran gelitten, dass er so liebte, wie er das tat. Wer liebend ganz für den anderen da ist, will ja alles mit ihm teilen. Er möchte es nicht besser haben, wenn der geliebte Mensch durch finstere Täler und durch Abgründe muss, wenn ihm Einsamkeit und Angst beschieden sind. Darum bleibt Jesus auch nie, wie wir sagten, in der „Etappe", nie in der Sicherheit des Himmels, wenn die, die er seine Brüder nennt, „nach vorne" in den Lebenskampf müssen.

Darum können wir ihm diese seine Liebe glauben.

[II,126-128]

Leid der Welt

In Jesus Christus läuft wie an einer höchsten Sammelstelle das Weltleid zusammen. Sein Blick erreicht alle Fernen der Erde, an denen gelitten wird; er hört das Schluchzen der Vereinsamten, der aller Bindung von Familie und Eigentum Entblößten. Er ist mit verwundet von der Angst der Sterbenden und der tödlich Bedrohten; er vernimmt das Seufzen der Gefangenen hinter ihren Gittern und elektrisch geladenen Stacheldrähten; er trägt auf seinen Schultern alle Sorgen, die stündlich, minütlich von jedem Quadratkilometer der bewohnten Erde auf ihn geworfen werden. Er sieht nicht nur die verworrene Weltlage im Großen, er begnügt sich ja nicht mit der göttlichen Perspektive eines Gesamtüberblicks. Er kommt ja wie in den Stunden, da er über die Erde ging, zu dem Einzelnen, dem Namenlosen, der in irgendeinem Hinterhause verlassen lebt; er weiß um die kleinen Sorgen der Kinder und um die grausigen Wahnvorstellungen der Geisteskranken, die nie ein Wort zu fassen und nie ein Herz zu verstehen vermag. Ja, er erkennt noch die Lebensfreude des Sperlings und das Jauchzen und die Angst der kleinen Geschöpfe, die tief unterhalb jener Zone leben, die wir Menschen mit unserem Interesse bedenken.

Könnte ein menschliches Auge den Anblick dieser Summe von Unglück und Grauen, von Verstümmelungen und Todesangst ertragen, könnte ein menschliches Ohr den Schrei der Unglücklichen ertragen, der Tag um Tag und Nacht um Nacht zum Himmel dringt?

Und weil er's nicht nur registriert, sondern mit Liebe hört, darum verwundet es ihn, darum ist sein Herz durchlöchert von jedem Dolch, der gezückt, von jeder Kugel, die geschossen, von jedem bösen Wort, das gesprochen wird.

Nur so können wir ja sein Leiden, sein Mitleiden verstehen. Denn er lässt sich das Grauen der Weltfront ja nicht einfach „nach hinten" in den Himmel melden, wo es dann schon in verblassten Berichten ankommt, er sieht es auch nicht aus der Höhe der himmlischen Distanz, von wo es merkwürdig verkleinert und summarisch wirkt – so, wie es ein Flieger erleben mag, der aus mehreren Kilometern Höhe die Zerstörung einer Stadt erlebt und der von da aus nicht mehr das „Kleine" und „Einzelne" sieht: nicht mehr die Mutter, die in Todesangst ihr Kind an sich drückt, nicht mehr die Not der Verschütteten und nicht mehr das Dahinsinken der Heiligtümer, in denen viele Generationen zur Ewigkeit finden. Sondern Jesus Christus sieht dies alles so, dass er dabei ist. Er ist ja durch sein Menschwerden selber dem Tode, den Schmerzen, den grauenvollen Händen der Menschen, der Gefangenschaft, der Blöße, dem Hunger, der Heimatlosigkeit ausgeliefert gewesen: „Ich bin (wirklich) hungrig gewesen, ich bin (wirklich) bloß, durstig, einsam gewesen und wahrhaftig nicht nur ‚symbolisch'. Ich habe das alles auf mich genommen, was auf euch hereinbricht oder nur je hereinbrechen mag. Wahrlich, ich kann als euer ‚Hohepriester' Mitleid haben, weil ich mitleide."

So laufen alle Straßen des Unglücks in ihm zusammen, und alle tödlichen Pfeile treffen seine Brust. In jedem Keller, der unter den Detonationen erschüttert, ist er zu Gast; in jedem Flüchtlingstreck wandert der Heiland mit – seit Jahrtausenden und bis an den Jüngsten Tag.

Darum gilt jetzt eines mit aller Bestimmtheit:

Wenn wir in der Übermacht des Weltleides uns unserem Nächsten schuldig bleiben, wenn unser Mitleiden sich verhärtet, dann wollen wir uns nicht in den Anblick des Grauens versenken, um uns innerlich aufzupeitschen. Wir sollen uns ebenso wenig von dem allem zurückziehen und auf kurze Stunden des Vergessens bedacht sein. Sondern wir sollen mitten in der Übermacht des Leidens das Leiden des Herrn bedenken. Indem wir seiner Armut gedenken, gedenken wir aller Armen; indem wir seine Gefangenschaft betrachten, sind alle Gefangenen in unsern Gedanken gegenwärtig; indem wir seinen Tod betrachten, helfen wir allen Sterbenden und legen ihnen eine helfende, geleitende Hand unter den Kopf. Sein Leiden ist stellvertretend für alle. Und alles, was wir ihm tun, haben wir auch seinen geringsten Brüdern getan. Und alles, was wir ihm schuldig bleiben, das bleiben wir auch unsern Brüdern schuldig.

[VI,100-102]

Heimatlos – geborgen

Was sagt die Heilige Schrift zu unserer Heimatlosigkeit und dem Ungeborgensein? Es ist merkwürdig, in wie vielen Zusammenhängen das Wort von der Heimatlosigkeit im Rahmen der Bibel auftaucht:

Da ist Abraham, der Vater des Glaubens. Gott gebietet ihm: Gehe aus deinem Vaterland und aus deiner Freundschaft und aus deines Vaters Haus in ein Land, das ich dir zeigen will. Gott ruft uns ja oft, wenn wir ihn ernst zu nehmen beginnen, aus vertrauten Bindungen heraus. Es kann sein, dass uns der Glaube gegenüber alten Freunden und Arbeitskameraden, manchmal sogar gegenüber der eigenen Familie einsam macht und isoliert, sodass wir uns als Fremdkörper in einer Umgebung vorkommen, die von ganz anderen Dingen und Interessen bewegt ist als wir, und deren Leidenschaften woanders sitzen. Aber ist Abraham, indem er so aus allem Vertrauten gelöst wird, ein preisgegebener und unsteter Mann?

Weil er unter dem Schatten der ausgestreckten Hand Gottes dahingeht, ist er es gerade nicht. Wo Gott mit uns geht und wir Vertrauen behalten, gibt es keine Fremde und kein Land Nod mehr. Abraham baut seinem Gott Altäre; wo aber die Gegenwart seines Wortes ist, entsteht ein Stück Heimat. Mancher, der in russischer Kriegsgefangenschaft die zwei oder drei getroffen hat, die in „seinem" Namen zusammenkamen, sah sich in eine Geborgenheit versetzt und einem Sinn zugeordnet, die ihm alles Unstete und Flüchtige und Verlorene nahmen und die ihn weniger einsam sein ließen, als er es vielleicht heute im vertrauten Rhythmus seines heimatlichen Alltags ist.

Und wie ist es mit der Heimatlosigkeit Jesu, der doch aus der Geborgenheit seiner ewigen Heimat in die Fremdheit von Hass, Schuld und Unverstehen hinausging? „Die Füchse haben Gruben, und die Vögel unter dem Himmel haben Nester; aber des Menschen Sohn hat nichts, wo er sein Haupt hinlege" (Matthäus 8,20).

Nirgendwo sein Haupt hinlegen, niemals sich fallen lassen können, immer umstellt und eingekreist und dem Ansprung eines Unbekannten ausgeliefert sein: Das ist Ungeborgenheit, das ist das Heimatlose schlechthin. Dennoch ist er geheimnisvoll einbezogen in den Plan Gottes und geht unter dem Schatten seiner höheren Gedanken dahin.

Man muss einmal die Evangelien unter dem Gesichtspunkt lesen, wie Obdachlosigkeit und Preisgegebensein sich in diesem einmaligen Leben mit der Behütung durch die Engel und die ewigen Hände verbinden. „Meine Stunde ist noch nicht gekommen", sagt er einmal – also stellt ihm sein Vater Räume und Stunden zur Verfügung. Darum kann er gelassen im Schifflein schlafen, das zu kentern droht und in dem die Panik seiner Gefährten ausbricht. Selbst in der äußersten Preisgegebenheit, als ihm das Antlitz des Vaters um die neunte Stunde am Kreuz entschwindet und als er sein Verstoßensein nur noch hinausschreien kann: „Mein Gott, mein Gott, warum hast du mich verlassen?", fasst er seine äußerste Klage noch in ein Psalmwort der Heiligen Schrift und betet also mit den Worten, die ihm sein Vater dafür gegeben hat. So ist der Stromkreis mit dem Ewigen denn auch hier wieder geschlossen, und sein Vater ist bei ihm. Wenn er schließlich sagt: „Vater, ich befehle meinen Geist in deine Hände", dann ist das wie ein Dank für die Bergung im Allervertrautesten, wie ein Dank dafür, dass er sich nun ohne Sorgen fallen lassen kann, selbst wenn sein Leib ohnmächtig an den Nägeln des Kreuzes hängen bleibt.

Weil diesem Herrn die Gewalt über Himmel und Erde gegeben ist, gibt die Welt keine Fremde mehr aus sich heraus. Wenn Eleonore von Reuß in ihrem Neujahrslied singt: „Warum es so viel Leiden, so kurzes Glück nur gibt? ... Weil diese arme Erde nicht unsre Heimat ist" – dann sagt das gerade jemand, für den der Schrecken der Fremde zugleich weggescheucht ist durch die Lichter des Vaterhauses. Denn die sind ein Zeichen dafür, dass wir erwartet werden und dass wir ein Ziel haben.

[XI,229f]

Der Auferstandene

Dass der tote Jesus angeblich aus dem Grabe auferstanden sein sollte, hätte die Jünger niemals zum Glauben bringen können, wenn sie seinem Wort nicht geglaubt hätten. Dann hätten ihnen schon genug andere Erklärungen nahegelegen: etwa die, dass der Leichnam Jesu gestohlen oder wegtransportiert worden sei. Ein Mirakel hat noch nie jemanden zum Glauben gebracht. Ich muss jedenfalls von mir persönlich bekennen, dass eine bloße Mirakelgeschichte niemals imstande wäre, mich umzuwerfen. Ein Mirakel kann man sich immer auch anders erklären.

Auch das leere Grab hat die Jünger nicht zum Glauben gebracht (das ist wichtig!), sondern etwas ganz anderes ist geschehen: Angesichts dieses leeren Grabes und unter dem Eindruck der Engelworte ist es ihnen wie Schuppen von den Augen gefallen. Im Osterlicht des dritten Tages sahen sie auf einmal, dass alle Taten und Worte Jesu gleichsam zu „geometrischen Örtern" wurden und darauf deuteten, dass der Tod ihn nicht halten konnte.

Dass Jesus sagen konnte: „Dir sind deine Sünden vergeben" und dass der Mann dann wirklich aufstand und als ein neuer, buchstäblich entlasteter Mensch wegging, das konnte nur von jemandem gesagt werden, der an einem uns unverfügbaren archimedischen Punkt saß, von dem aus er unsere Welt bewegen konnte. „In mir werdet ihr Ruhe finden für eure Seelen": Das konnte nur einer sagen, der selber in einem Frieden und einer Gemeinschaft mit dem Vater lebte, die von nichts, auch vom Tode nicht, gebrochen oder unterbrochen werden konnte. Das Wort: „Kommt her zu mir alle, die ihr mühselig und beladen seid, ich will euch erquicken", das konnte nur jemand sagen, der zwar selbst alle Mühsal und Beladenheit verstand und sie brüderlich teilte, dessen Leben aber aus anderen Quellen gespeist wurde und von dessen Leibe Ströme des lebendigen und nie versiegenden Wassers ausgingen.

Das alles ging den Jüngern plötzlich und jäh im Lichte dieses dritten Tages auf. Das ganze Leben des wandernden Heilandes, der heilend und helfend, vergebend und neue Anfänge schenkend über diese Erde gegangen war, gewann für sie eine neue Perspektive. Es war so, als wenn ihnen plötzlich der Schlüssel zu seinem Geheimnis in die Hand gedrückt sei. Während sie in seiner Gesellschaft lebten und seinen Alltag teilten, hatten sie ihn noch gar nicht erkannt. Zwar hatte ihr Herz gebrannt, und eine dunkle Ahnung wie von einem Ungeheuren hatte sie überschattet. Jetzt aber erst ging ihnen auf, wer mit ihnen gewandert war. Jetzt kam plötzlich Licht in seine rätselvollen Worte, und der Himmel öffnete sich über dem, den sie für einen der ihren, wenn auch den Größten, gehalten hatten und der doch der „ganz andere" war, der aus der Ewigkeit des Vaters kam und als Gefährte und Meister ihr Leben teilte.

Diese revolutionäre Gewissheit kam nicht etwa in ihr Leben, weil sie an die Auferstehung geglaubt hätten (auch wir können nicht „an die Auferstehung glauben"; man kann überhaupt nicht an eine Sache oder an ein Ereignis glauben); sondern das Neue kam in ihr Leben, weil sie an den Auferstandenen glauben lernten und weil sie kapitulieren mussten vor der Art, wie er sich ihnen bezeugte.

[II,212]

Meine eigene Schuld

Das ist das Verhängnis in unserem menschlichen Leben und im Völkerleben, dass es sich immer auf der „Schuld des andern" aufbaut und es verlernt, an die eigene Brust zu schlagen. Und unsere Welt kann nicht zum Frieden kommen, weder die Völker noch die Einzelnen in ihrem privaten und beruflichen Umkreis können es, solange nur der Schrei nach Vergeltung unter uns zu hören ist und solange wir nicht zur Sühne bereit sind: Vergib uns unsere Schuld!

Damit ist das entscheidende Stichwort gefallen, auf das uns Jesus führt. Er lehrt uns nicht bitten: Räche die Schuld, Vater! Du siehst doch das Unrecht, und dir stehen Blitze und Donner zur Verfügung, um die Frevler niederzustrecken! Du kennst doch die Schuldigen, du kennst die Quäler und Peiniger unserer sich windenden Welt. Und die Geißeln, welche sausend auf uns herniederzischen, sind doch deine göttlichen Geißeln. Warum kannst du sie nicht zerbrechen und wegwerfen, nachdem sie als deine Werkzeuge schuldig geworden sind? Kannst du mir den Nebenbuhler, den einen Kollegen, den einen Hausgenossen, den einen Menschen, der mein Leben zerbrochen hat, nicht vom Halse schaffen?

Das alles lehrt Jesus uns nicht. Er macht sich in geradezu herausfordernder Weise nicht zum Anwalt dieser Stimme unseres Blutes und unseres natürlichen Instinkts. Er lehrt uns stattdessen: „Vergib uns unsere

Schuld." Und wahrhaftig, er meint das nicht als ein bloß privates Erbauungsgebet. Nein, ich bringe die Schuld der ganzen Welt, ich bringe Krieg und Kriegsgeschrei, ich bringe allen bewussten und ungekannten Frevel in das Licht vor Gottes Angesicht, wenn ich diese Worte bete.

Wenn wir das so sagen, bedeutet es zweierlei:

Erstens: Bei alledem, was an Schuldverhängnis über der Welt brütet, über ihren Kontinenten und Meeren, ist auch meine Schuld dabei. Das alles ist ja mein Herz, was da – nur in riesige Perspektiven, in Weltausmaße übersetzt – mir entgegentritt: Vergeltung ist ja auch das Gesetz, unter dem mein kleines Leben steht. Ich weiß ja selber, wie sehr ich ein Echo bin auf das, was meine Umgebung mir entgegenbringt. Tritt sie mir freundlich gegenüber, so hellen sich auch meine Züge auf. Schikaniert sie mich, so verfinstert sich mein Sinn im gleichen Maße. Wir brauchen nur zu beobachten, wie der Funke des Bösen in rasender Geschwindigkeit von Pol zu Pol eilt, wie zum Beispiel in einer überfüllten Bahn oder beim Schlangestehen vor irgendeinem Amt eine einzige Bosheit oder Ungeduld sofort überspringt und ansteckend wirkt und wie im Handumdrehen eine förmliche Masseninfektion daraus geworden ist.

Zweitens: Darum muss ich bei allem, was über die Weltschuld zu sagen ist, bei mir persönlich und bei meiner eigenen Schuld beginnen. Ich kann gleichsam nicht zum Fenster hinausschauen und mich moralisch über das große Babylon entrüsten, das in seiner gottlosen Finsternis da vor mir liegt, sondern ich werde durch alles, was ich dort draußen in Weltausmaßen erkenne, nur an mein eigenes „babylonisches Herz" (Francis Thompson) erinnert. Und unwillkürlich fühle ich mich an die harte Seelsorge des Propheten Nathan erinnert, der auf David mit dem Wort zufuhr: „Du bist der Mann!" Ich bin es also, der Vergebung haben muss und bei dem die Sanierung der Welt zu beginnen hat.

[VI,108-110]

Liebe macht finderisch

Jesus Christus wird uns im Jüngsten Gericht einmal auf das Schuldiggebliebensein ansprechen und zu uns sagen müssen: „Ihr habt mich nicht gespeist, nicht getränkt, nicht besucht (Matthäus 25,43), als ich in der Gestalt des hungrigen, gefangenen, vereinsamten Menschenbruders euren Weg kreuzte. Ihr seid mir Speise, Kleider und Trank, ihr seid mir euer Aufmerken schuldig geblieben." „Ich will einmal gar nicht" – so mag er fortfahren – „davon sprechen, wie ihr euch in einem bösen Wort, in einer herzlosen Abfuhr oder mit raffiniert gezielten Nadelstichen gegen euren Nächsten vergangen habt, sondern ich will nur von den Dingen reden, die zu tun ihr schuldig geblieben seid."

„Erinnert ihr euch noch an den Menschen, der euch durch die Trauer auffiel, die über seinen Zügen lag, und der darauf wartete, dass ihr ihm ein helfendes, weiterführendes Wort sagtet? Ich finde dieses Wort in der ganzen Ewigkeit nicht, es ist wohl nicht gesprochen worden."

„Denkt ihr noch an den Soldaten, der an die Front fuhr in eine fast aussichtslose Lage und der euch mit einem Scherzwort die Hand zum Abschied reichte, weil er sich nicht anmerken lassen wollte, wie er im hintersten Winkel seines Herzens danach lechzte, dass er euer letztes Wort als ein segnendes Geleit, als einen stärkenden Zuspruch mit sich nehmen könnte? Jetzt ist er tot oder vermisst. Ich finde", sagt der Herr des Jüngsten Gerichtes, „euer Sterbegeleit für diesen einen, der da von euch in den Tod ging, in der ganzen Ewigkeit nicht. Es muss wohl unterblieben sein."

Und da ist dein Kamerad und dein Arbeitskollege, der stille Mann in deinem Betrieb, dessen Chef du bist. Er ist ein wenig zurückgezogen, und man kommt nicht ganz hinter ihn. Er spielt eigentlich kaum eine Rolle, bis sich auf einmal herausstellte, dass er entsetzlich unglücklich ist, sei es, dass in seiner Familie etwas nicht stimmt oder dass er an erblicher Schwermut leidet. „Wie konnte ich das übersehen?", sagt ihr dann, und ihr leidet darunter, dass ihr ihm nie ein gutes Wort gabt. In wie viel Selbstmordfällen habe ich es schon erlebt, dass die Angehörigen und Kameraden sagten: Wir ahnten ja nicht, was in ihm vorging. Warum ahnten wir es nicht? Etwa deshalb nicht, weil wir psychologisch zu wenig geschult waren oder weil unser Instinkt versagte? Nein, nur deshalb nicht, weil wir ihm die Liebe schuldig blieben. Denn die Liebe setzt mit ihrem helfenden Beistehen ja nicht erst dann ein, wenn man erkannt hat, wo eine Not sitzt. Sondern es ist umgekehrt: Die Liebe hilft uns bereits solche Nöte finden. Liebe macht nicht nur erfinderisch, sondern zunächst einmal finderisch. Die Liebe, wenn sie wirklich da ist, hilft uns nicht nur Wunden heilen, sondern vor allem Wunden entdecken. Und immer, wenn wir das heimliche und vielleicht bewusst verschwiegene Leid eines Menschen übersehen haben, vernehmen wir den Herrn des Jüngsten Tages, der uns sagt: „Ihr seid die Liebe schuldig geblieben, sonst hättet ihr es erkennen müssen. Denn die Liebe spricht ja gar nicht nur aus der helfenden Hand, sondern vor allem aus der Wachheit eures Blicks. Ich suche den wachen Blick eurer Liebe", spricht der Herr des Jüngsten Gerichtes, „in der ganzen Ewigkeit vergebens. Er muss wohl unterblieben sein."

Wenn deshalb das Evangelium uns immer wieder berichtet, dass Jesus weiß, was im Menschen ist, und dass er ihn also versteht und bis in sein Innerstes durchschaut, dann liegt das daran, dass er ihn liebt. Vielleicht können wir nur deshalb den Gedanken ertragen, dass Gott uns bis ins Letzte durchschaut, ja, dass er auch unsere unerkannte Sünde ins Licht vor seinem Angesicht stellt, weil wir wissen: Es geht ja hier gar nicht um eine so theoretische Eigenschaft Gottes wie um seine sogenannte „Allwissenheit", um das Schreckgespenst eines himmlischen Riesenintellektes, dem nichts entgeht, sondern es geht darum, dass er uns so unendlich liebt. Es ist nicht das Wissen eines Großinquisitors, der jede Miene und jede Herzensregung von uns belauert und in die himmlischen Bücher einträgt, sondern es ist das Wissen, das ein Vater um sein irrendes Kind hat, es ist die göttliche Liebe, der nichts entgeht, weil sie alles angeht und weil es sie bewegt und weil sie nicht nur die Schuld, sondern auch das Heimweh in der Fremde sieht.

[VI,94-97]

Durchschaut

Gibt es einen größeren Trost, als zu wissen: Es ist jemand da, der ganz um uns weiß und dennoch nicht irre an uns wird? Vielleicht sind wir Leute, die in der menschlichen Gesellschaft angesehen und geachtet sind. Man respektiert unsere weiße Weste. Aber geht es den einigermaßen Feinnervigen unter uns dann nicht manchmal so, dass sie denken: Wenn die wüssten, wovon ich manchmal träume? Wenn die wüssten, welche heuchlerische Verstellung sich manchmal hinter meinem offenen Gesicht ereignet, welcher Morast an Neid und Missgunst in mir ist, wenn ich äußerlich fair und mit aufgeblendeten Augenscheinwerfern meinem erfolgreicheren Kollegen oder Konkurrenten gratuliere? Wenn die wüssten, wie viele Gedankenmorde ich schon auf dem Gewissen habe, wie verlogen ich bin und wie egal mir mein Nächster ist! Wenn die wüssten, dass ich seinerzeit im Dritten Reich sehr genau über Geisteskranken- und Judenmorde hätte orientiert sein können. Aber ich liebte nicht, darum verstand ich auch nicht, und darum litt ich nicht mit. Ich hütete mich sogar, zu lieben und Bescheid zu wissen, weil es mir an die Nerven gegangen wäre und ich vielleicht etwas hätte unternehmen müssen ... Es ist gut, dass sie das alles nicht wissen! Denn wenn sie es wüssten, so würden sie irre an mir werden. Darum brauche ich das Aushängeschild der weißen Weste ...

Hier aber ist einer, der dies alles von mir weiß und

der trotzdem nicht irre an mir wird, sondern der mir sagt: Gerade für solche Leute bin ich da. Ich leide mit dir, wenn du an dir selber leidest.

Das ist der Trost, der uns hier zugesprochen wird: Ich bin durchschaut, aber ich bin von einem Liebenden durchschaut. Hier wird um mich gewusst, aber von einem Mitleidenden. Hier übernimmt einer meine Last. Fürwahr, er trug unsere Krankheit und lud auf sich unsere Schmerzen.

[II,134f]

Sünde – Sünder

Worin besteht die Vergebung? Im Grunde in nichts anderem als darin, dass Jesus die Gemeinschaft mit denen aufrechterhält, deren Schuld und Entfremdung ihn schmerzen und ihm nahegehen. Voraussetzung für diese Vergebung ist, dass Jesus zwischen den Sündern und der Sünde eben unterscheidet. Wenn er sich von der Sünde distanziert – und das tut er ja –, distanziert er sich nicht von den Sündern.

Wenn der Psalmist inmitten seiner Anfechtungen und seines Irrewerdens an Gott sich zu dem Satz durchringt: „Dennoch bleibe ich stets an dir" (Psalm 73,23), dann spricht Jesus – zwischen den Zeilen – diesen Satz nun seinerseits auch zu dem schuldig gewordenen Menschen: „Dennoch – obwohl du aus der Fremde kommst und die Runen des Lasters in deinem Gesicht stehen –, dennoch bleibe ich stets an dir und sage mich nicht von dir los."

Der Verirrte ist ihm nicht ein Gegenstand der Verachtung, sondern des Erbarmens: „Ihn jammerte des Volkes; denn sie waren verschmachtet und zerstreut wie Schafe, die keinen Hirten haben" (Matthäus 9,36). Vergebung durchbricht so den ständigen Rückkopplungsprozess zwischen Schuld, Strafreaktion und tieferer Verstrickung. Der Schuldige wird nicht mehr mit seiner Vergangenheit identifiziert, sondern im Licht dessen gesehen, was Gott mit ihm vorhat.

[XII,147]

Vergebung

Was ereignet sich denn, wenn ich einem anderen Menschen vergebe? Es heißt doch nicht, dass ich „vergessen" könnte, was er mir angetan hat. Das kann ich ja gar nicht. Nein, wenn ich einem anderen vergebe, dann trete ich selbst in den Zwiespalt; dann sage ich mir: „Das, worin der andere an dir schuldig geworden ist, worin er dich gehasst hat und gemein gegen dich gewesen ist, das ist auch in meinem Herzen da. Du bist in einer letzten Solidarität mit ihm." Wenn ich von Herzen zu meinem Nächsten sage: „Ich vergebe dir", dann übernehme ich sozusagen die Last seiner Schuld auf das eigene Herz, als ob es meine Schuld wäre. Ich sage dann nicht zu ihm: „Es war gar nicht so schlimm, darum will ich es nicht tragisch nehmen." O nein, so eine harmlose Sache ist die Vergebung nicht. Sondern ich sage: „Doch, es war sehr schlimm, was du mir angetan hast; es war sogar entsetzlich. Aber ich weiß von mir selber, wie wankelmütig und böse das menschliche Herz ist. Darum kann ich es nachvollziehen, was du mir getan hast. Das alles liegt auch in mir auf dem Sprunge. Und so leide ich es denn mit dir durch. Ich versetze mich an deine Stelle. Ich trage deine Last mit." Wenn ich einem anderen Menschen vergebe, dann trete ich mit unter die Last seiner Schuld. Dann werde ich sein Bruder und seine Schwester, dann werde ich ein Lastträger an seiner Seite.

Dies geschieht auf Golgatha. In Jesus Christus, dem

Leidenden und Gekreuzigten, tritt Gott selbst an unsere Seite. Alle Versuchung und Gefährdung unseres Herzens hält er selber aus. Leiden und Angst, Einsamkeit und Todesfurcht, alles Menschliche in seiner Fragwürdigkeit und Hinfälligkeit nimmt er auf sich, indem er sich selber dem Druck der menschlichen Geschichte stellt und in Endlichkeit und Verlorenheit eingeht. Gott nimmt unsere Last auf sich, weil er uns vergibt. Golgatha ist ein Schmerz in Gott.

Hier ist also keine billige Liebe, die nur zudeckt oder fünf gerade sein lässt. Sondern hier ist der heilige Gott, für den unser verlorenes Leben ein unsagbarer Schmerz ist und der dennoch „Ja" zu uns sagt, der den Vater über den Richter siegen lässt und unsere Last auf das eigene Herz nimmt. Dort, wo der Gekreuzigte hängt, da leidet Gott selbst. Das ist hier gemeint. Dort, wo er ruft: „Mein Gott, mein Gott, warum hast du mich verlassen?", da gibt sich das ewige Herz selbst allen Verlassenheiten und Verzweiflungen preis, die je ein Mensch in seiner Gottesferne durchlitt. Da gibt es nichts mehr, was zwischen Gott und mir steht, weil er mein Bruder geworden ist, weil er auf der Sohle aller Abgründe neben mir steht.

Dort, wo das Gericht mich treffen müsste, da steht Gott selbst, oder besser, da hängt Jesus Christus. Verstehe das, wer kann: Ich verstehe es nicht. Aber die Lobgesänge aller Märtyrer steigen darüber zum Himmel empor, und alle, die Vergebung ihrer Schuld erfahren haben und darüber neue Menschen geworden sind, wissen, dass es wahr ist, dass es eine Wahrheit ist, von der man leben kann, die einen verwandelt und mit dem Glück eines neuen Anfangs beschenkt. Sie alle wissen es, und auch ich weiß es; und doch hat es niemand begriffen. Man kann es nur mit einem Lobgesang sagen. Doch wenn unsere Vernunft es aussprechen will, beginnt sie zu stammeln, so wie ich hier geradebrecht habe und nicht zurande gekommen bin und wie es mir einfach zu schwer war, was ich sagen sollte.

Dennoch kann es ein Kind mit dem Herzen verstehen, wenn die Mutter ihm vergibt und wenn damit etwas geschieht, was die Weisen dieser Welt nicht erklären können.

[II,147-149]

Königliche Freiheit

Was wir in der Vergebung erfahren haben, will sofort wirksam werden in unserem Verhältnis zum Nächsten. Wo Gott großzügig ist und uns Zehntausende Pfunde erlässt, sollen wir keine kleinlichen Schalksknechtsnaturen sein und uns um hundert Groschen lumpen lassen, die uns der Nächste schuldet (Matthäus 18,21ff).

Wenn Gott uns vergibt, dass wir mit einer Keule nach ihm geschlagen haben, sollen wir auch unsrerseits damit fertigwerden, dass unser Kollege, unser Nachbar, unser Chef, unser Untergebener mit der Stecknadel nach uns gestochen hat. Denn so und nicht anders ist das Größenverhältnis zwischen dem, was Gott uns erlässt, und dem, was wir unserem Bruder zu erlassen haben.

Hier ist das einzige Rezept dafür, wie wir die Schuldfrage, die zwischen uns und unserem Nächsten steht, bewältigen können, die Schuldfrage in unserer Ehe oder in unserem Büro oder in der Schlange am Eisenbahnschalter, wo mich jemand zur Seite zu boxen versucht. Nur der Blick auf das, was Gott uns erlassen hat, kann mich mit einem Schlage über die Situation erheben, kann mich von der lauernden Gegenreaktion des Böse- und Verbittertwerdens erlösen und mir die königliche Freiheit schenken, zu vergeben.

Ich sage: Nur das kann diese Freiheit bewirken. Wenn ich nämlich nicht selbst ein begnadigter Sünder bin und unter der Vergebung stehe, kann ich nicht vergeben. Ich kann dann meinen Zorn nur verdrängen und beherrschen. Aber das führt nur dazu, dass sich immer mehr Bitternis und Galle in mir aufspeichert, bis es sich eines schönen Tages in einer jähen Explosion entlädt.

Das liegt dann ganz einfach daran, dass dieses Verdrängen nicht auf einer echten Freiheit beruhte, weil es nicht einer echten Erlöstheit und darum auch keiner Gelöstheit entsprang, sondern dass es verkrampft und darum krank war. Vergeben kann ich nur in der königlichen Freiheit der Kinder Gottes, als einer, der selber frei geworden ist und darum auch den anderen frei gegenübersteht.

[VI,118f]

Ohne mich?

Jesus Christus, das Licht der Welt, kann eine erschreckende und gleichsam strapaziöse Erscheinung für uns sein. Wenn wir uns mit ihm einlassen, dann müssen wir ja die Menschen anders sehen als bisher, dann müssen wir sie so sehen, wie Jesus sie sah, also nicht nur unter dem Gesichtspunkt: Dieser mein Nächster soll selbst sehen, wie er weiterkommt; mir hat auch keiner geholfen. Oder unter dem Gesichtspunkt: Wenn dieser mein Nächster da mit sich selber oder seiner Ehe oder seinen Finanzen nicht fertigwird, dann soll er sich an die Wohlfahrt oder den Pastor oder an das Parlament oder an die Ratgeber in den Medien wenden.

Nein, es ist nun alles ganz anders: Wenn man unter den Augen Jesu steht, dann gehen einen die Menschen plötzlich etwas an. Dann kann man nicht mehr an dem unter die Mörder Gefallenen vorübergehen, sondern dann muss man ihn verbinden. Dann ist der andere plötzlich viel mehr als nur ein „Kollege", dann ist er jemand, für den Jesus Christus gelitten hat.

Mir ist es einmal bei einem Studenten so gegangen, der sich das Leben nahm. Er hatte immer in unserem Kreise gesessen. Mir war wohl aufgefallen, dass er oft in brütendem und schwermütigem Schweigen dasaß, aber ich dachte: Er wird vielleicht an seiner Examensarbeit grübeln; oder er hat ein melancholisches Temperament. Jedenfalls: Wenn er etwas hat, so dachte ich, kann er ja zu mir kommen. Aber er kam nicht, sondern ging still weg. Und wir, die wir ihn so gehen ließen, hatten unseren Herrn verleugnet. Wir hatten uns wieder einmal tot gestellt. Jesus Christus aber kann uns nicht finden, wenn wir uns so tot stellen.

Von allen diesen Fragen sind wir täglich umgeben. Aus Leserbriefen und Foren erfahren wir von vielerlei Problemen, von Enttäuschungen in der Liebe, von Langeweile, von lästig gewordenen Ehen, von geschäftlichen Nöten. Und es geht dabei doch immer um die Menschen, die um uns herum leben. Wer stellt denn solche Fragen sonst?

Aber wir sehen diese Menschen normalerweise nicht, obwohl sie um uns herum sind. Wir treiben Vogel-Strauß-Politik, und darum flüchten sie sich auch in die Anonymität der Medien. Die Liebe aber, die wir bei Jesus an uns erfahren und dann auch selbst lernen, macht nicht nur erfinderisch, sondern sie macht zunächst einmal finderisch. Sie schenkt uns suchenden und wissenden Blick.

Das ist gewiss auf der einen Seite eine Strapaze. Denn der Liebende ist immer im Zustande der Mobilmachung, er ist immer in Alarmbereitschaft. Ich kann an jedem Tag trotz meiner Müdigkeit und trotz meines vollen Terminkalenders abkommandiert werden, um die Fährte eines Nächsten zu verfolgen, der in Not ist. Sollte es nun nicht vielleicht die Angst sein, in diesen ständigen Alarm verwickelt zu werden, die uns abhält, uns mit Jesus Christus einzulassen? Sollte es diese Angst sein, die uns veranlasst, in der satten Ungestörtheit des „Ohne-mich" zu leben?

Wir sollten uns einmal daraufhin prüfen. Denn nicht irgendwelche Dogmen hindern uns in der Regel, ein Christ zu werden, sondern etwas ganz anderes hindert uns: die Angst, in dieses Licht zu treten, die Angst, uns ganz durchschauen zu lassen, auch in den tiefsten Rumpelkammern unserer Seele, und ständig im Aufbruch, ständig in der Mobilmachung zu sein und diesem Herrn zu folgen, wohin auch immer er mit uns geht.

Und doch ist es die reine Seligkeit und erst die Erfüllung unseres Lebens, wenn wir es einmal mit ihm versuchen. Wenn wir heute noch damit beginnen, irgendeinem unserer Nächsten ein Glas Wasser in seinem Namen zu reichen, werden wir das Herz unseres Heilandes schlagen hören und durch seine Nähe beglückt sein. Wir werden erkennen, wie finster und kalt das Leben ohne ihn war, und werden dann auch in unserem Leben die Frische jenes Schöpfungsmorgens zu spüren bekommen, in der es hieß: Es werde Licht.

Die große Helle ist ja schon da. Die Feier des Lichtes ist doch für dich und für mich von Gott veranstaltet. Wir brauchen nur die Läden unseres dunklen Hauses aufzustoßen und die flutende Fülle hereinzulassen.

Wie sollten wir es sonst auch merken, was Gott an

uns tun will, wenn wir die Läden immer geschlossen halten? Wer sich aber in dieses Licht hineinstellt, wer es wagt, aus seinem dunklen Leben in dieses Licht hineinzuspringen, der wird selbst zu leuchten beginnen, der wird eine neue Form von Freude erleben, die ihm die Augen übergehen lässt.

[XI,41-43]

Das Salz der Erde

Nachfolge und Gottesdienst

Kompass

Wenn ich in der Nachfolge Jesu stehe, dann ist es einerseits so, dass ich dem Evangelium keine gesetzlichen Verhaltensvorschriften und keine detaillierten Normen entnehmen kann, die mich auf Schritt und Tritt gängeln. Andererseits ist es aber auch nicht so, dass ich ohne alle Weisung und nur meiner subjektiven Willkür überlassen wäre, sodass es – wie man heute gerne sagt – zu einer reinen Gesinnungsethik käme. Vielmehr ist es so: Zwar wird mir von der Bibel keine Wanderkarte in die Hand gedrückt, auf der der Weg, den ich einzuschlagen habe, genau vorgezeichnet wäre. Mir wird also nicht für jede Wegkreuzung vorgeschrieben, ob ich nach rechts oder links gehen soll.

Und doch stehe ich auch dann, wenn ich so auf keine vorfabrizierten Entscheidungen zurückgreifen kann, durchaus nicht einfach im Leeren. Ich bin dann keineswegs ohne Weisung, deren ich zu meiner Orientierung doch so dringend bedarf.

Statt einer Wanderkarte bekomme ich gleichsam einen Kompass überreicht und werde dann losgeschickt. Die Kompassnadel zeigt auf das Gebot der Gottes- und Nächstenliebe. In diese Richtung habe ich also zu gehen. Und bei jeder Wegkreuzung wird mir die Frage gestellt, ob ich die angezeigte Richtung der Nadel einhalte. Aber ich muss selber den Weg finden. Das ist meine Freiheit, das ist auch die Last dieser Freiheit. Denn ich kann ja nicht einfach und stur im Sinne der Kompassrichtung bloß geradeaus gehen. Es stehen mir doch Ströme, Berge und andere Geländehindernisse im Weg, die ich umgehen muss. Ohne Bild heißt das: Meine Wegrichtung ist beeinflusst durch die jeweiligen Situationen, in denen ich mich befinde. Ich kann in einer Diktatur leben oder in einer Demokratie; ich kann krank sein und mich schonen müssen; ich möchte vielleicht in ein Helferkorps für die Entwicklungsländer, aber ich habe eine Familie, die mich ebenfalls braucht – man könnte einen langen Katalog von lauter Rücksichtnahmen, Beengungen und Pflichtenkollisionen nennen, die mich einfach daran hindern, ohne nach rechts und links zu blicken, nur stur geradeaus zu gehen. Und diese Hindernisse gleichen genau den Flüssen und Strömen, die sich mir in den Weg stellen, wenn ich der Kompassnadel folge. Ich muss sie eben umgehen. So habe ich manchmal innezuhalten und zu überlegen.

Aber diese Freiheit ist auch eine Last, und sie soll es sogar sein. Denn ich darf ja in ihrem Namen nicht im Gelände herumvagabundieren, sondern ich muss bei allen Um- und Zickzackwegen die Richtung der Kompassnadel im Auge behalten. Das ganze Gelände ist mein; das ist meine Freiheit; ich aber bin Christi, und die „Liebe dringet" und leitet mich (2. Korinther 5,14).

Das also ist der Spielraum des Wagnisses und der Freiheit: Ich muss selber die Wege finden zu den Zielen, die Gott mir durch das Liebesgebot gesetzt hat.

Ich kann diese Wege freilich nicht finden ohne den, der mir auch die Ziele setzt. Es sind seine Ziele. Und er ist nicht nur der Herr der Ziele, sondern auch der Herr der Wege. Darum suche ich im Nebel und im finstern Tal diese oft sehr unkenntlichen Wege, indem ich den Herrn der Ziele und Wege um die rechte Führung bitte und ihm meine Hilflosigkeit anvertraue: „Weiß ich den Weg auch nicht, du weißt ihn wohl." Er ist ja mein Stecken und Stab, und er baut Brücken über Abgründe, vor denen ich mich fürchte und die ich für unbegehbar halte. „Weg hat er allerwegen, an Mitteln fehlt's ihm nicht."

So gehe ich wie ein Kind ins Dunkle an einer Hand, die mich geleitet. Mit dieser Bitte um die rechte Führung wage ich dann meinen Weg und traue der Verheißung, dass ich nicht zuschanden werden soll.

So unter dem Gebot der Liebe wählen zu dürfen, so grenzenlos mit eigener Verantwortung beschenkt zu sein, das ist meine Freiheit, das ist der verpflichtende Adel der Kinder Gottes – ein Adel, der ihr ganzes Herz und auch das ganze Vermögen ihres Geistes in Anspruch nimmt. So frei ist der Mensch – und so gebunden ist er.

[I,189-191]

Gottes Brief

Wenn wir von Paulus als „Brief Gottes" bezeichnet werden (1. Korinther 3,1-6), dann ist das schon deshalb nicht im Sinne eines Empfehlungsschreibens gemeint, weil der Brief ja gar nicht von uns selber handelt. Er redet vielmehr von lauter Tatsachen und Umständen, die außerhalb meines Ichs liegen. Es gibt vor allem drei Gesichtspunkte, an denen man sich das klarmachen kann:

Erstens: Wenn wir als Gemeinde dieser Brief Christi sind, dann ist diese Gemeinde nicht als ein Kollektiv religiös und ethisch verantwortlicher Persönlichkeiten verstanden. Vielmehr handelt es sich um Leute, die sich um eine Nachricht sammeln, und zwar um eine Nachricht, die sie selber keineswegs produziert haben: um die Nachricht nämlich, dass wir geliebt werden und dass es keine Fremde gibt, die uns so entstellen dürfte, dass der Vater uns nicht wiedererkennen und in seine Arme aufnehmen würde (Lukas 15,20).

Zweitens: Wenn der einzelne Mensch als dieser Brief Christi bezeichnet wird, dann wiederum nicht deshalb, weil er ein wertvolles Glied der Gesellschaft oder eine Säule der Gemeinde wäre, sondern weil er Träger dessen ist, was Luther die „fremde Würde" nennt. Damit meint er das Gegenteil aller eigenen Würde, wie sie sich etwa aus unserer Funktionstüchtigkeit im Beruf und im gesellschaftlichen Gefüge ergäbe. „Fremd" ist unsere Würde deshalb, weil sie in dem gründet, was Gott für uns getan, was er an uns gewandt und womit er uns „teuer erkauft" hat (1. Korinther 6,20; 7,23).

Drittens: Wenn ich als Prediger des Evangeliums ein solcher Brief sein soll, dann nicht deshalb, weil ich ein Schriftgelehrter wäre, besondere Einsichten hätte und ein „Profi" des Glaubens wäre. Das alles bin ich ja gar nicht. Oft sieht mich der Text, über den ich zu predigen habe, rätselhaft an, und ich möchte ihm ausweichen. Manchmal, wenn ich über die Liebe predigen soll, kann ich das schier nicht, weil ein Mensch so gemein gegen mich gewesen ist, dass ich ihn hasse und dass mir das Wort von der Liebe im Hals stecken bleibt. Oder ich kann es nicht, weil meine Ehe zerrüttet ist oder weil ich mit einem Kollegen zerfallen bin und mir bei jedem Wort, das ich über die Liebe sagte, als Heuchler erscheinen müsste. O nein: Ich bin kein Brief Christi, weil ich über all dies erhaben wäre. Sondern ich bin es nur, weil ich auf etwas vertraue: darauf, dass Gott mein kümmerliches Wort in seinen Dienst stellen, dass er selber darin anwesend sein will. „Das Wort der Predigt ist der die menschliche Natur annehmende und tragende Christus selbst" (Dietrich Bonhoeffer). Darum kann ich diese Aufgabe, Brief Christi zu sein, nur mit einem Gebet übernehmen, das Jeremia im Wissen um die eigene Fragwürdigkeit und um die Treue Gottes gebetet hat: „Herr, wir erkennen unser gottlos Wesen ...; wir haben gegen dich gesündigt. Aber um deines Namens willen lass uns nicht zuschanden werden, lass den Thron deiner Herrlichkeit nicht in Unehre fallen! Gedenke unsrer und lass deinen Bund mit uns nicht ein Ende haben!" (14,20f).

Ein glaubwürdiges Dokument Gottes kann ich also nur dann sein, wenn ich die Sätze, die meine eigene Fragwürdigkeit betreffen, nicht von mir aus tilge oder verschönernd retuschiere. Täte ich das, wäre ich wieder nur ein Heuchler. Heuchelei aber ist das genaue Gegenteil einer Empfehlung. Wer erkennbar anders ist, als er sich gibt, lockt nicht an, sondern stößt ab. Wer unglaubwürdig ist, kann nicht erwarten, dass man ihm den Glauben abnimmt. Ein glaubwürdiges Dokument bin ich nur, wenn ich mein Versagen, mein Defizit, meine Brüchigkeit als irdenes Gefäß und sogar meinen Kleinglauben nicht verberge und gerade im Eingestehen dessen die Güte Gottes preise, die mich nicht aufgibt.

[XII,47-49]

Gereifte Kirche?

Denken wir einmal an den Augenblick, wo der Teufel dem Herrn Christus alle Reiche und Länder der Welt anbietet.
Eine Ahnung, was dieser Augenblick für Chancen und Versuchungen in sich enthält, haben wir in dem hinter uns liegenden christlichen Jahrtausend wahrhaftig gespürt. Denn dieses Jahrtausend ist das konstantinische Zeitalter der Kirche. Es bot die berauschende Möglichkeit, dass das Christentum eine feste Verbindung mit der Öffentlichkeit, vor allem mit dem Staat, eingeht. Man braucht nur an das Stichwort „Thron und Altar" zu denken, um das zu verstehen: Die Schulen waren gleichsam automatisch christliche Schulen; die Presse stand der Kirche großenteils zur Verfügung; die Zünfte hatten in der Kirche ihre festen Plätze, wie das die Nürnberger Lorenzkirche besonders eindrücklich zeigt. Gab diese feste Verbindung von Kirche und Staat, von Gemeinde und Öffentlichkeit nicht eine ungeheure Möglichkeit zur christlichen Durchdringung aller Lebensgebiete? Drückte sich darin nicht der Herrschaftsanspruch des Christus über alle Bereiche des menschlichen Lebens eindrucksvoll aus?

Aber wir haben nun gesehen, wie dieses Pauschalchristentum der großen Masse und der christlichen Taufscheinbesitzer nach 1933 einfach zusammenbrach, weil es zu einer christlichen Fassade des öffentlichen Lebens geführt hatte, hinter der schon seit Langem die Götter und Mythen eines heidnischen und atheistischen Zeitalters geisterten, Götter und Mythen, die alle nur auf den Augenblick lauerten, wo sie diese Fassaden umstoßen und ihre offene Herrschaft proklamieren konnten.

Und haben sie das nun nicht auch eindrucksvoll und konsequent genug getan? Konnten wir nicht alle miteinander bass erstaunt sein, was in unserem namenchristlichen Volk, in unserem fassadenchristlichen Volk sich auf einmal an Heidentümern und an Neuheidentümern erhob? Hätten wir es je für möglich gehalten, dass sich inmitten eines Volkes, dessen Glieder doch fast alle getauft, konfirmiert oder sonst wie in christlichem Einfluss erzogen waren, im Berliner Sportpalast und den größten Sälen aller Städte Hunderttausende sammelten, die der deutschen Glaubensbewegung oder anderen Ideologien des Heidentums zujubelten? War es tatsächlich möglich gewesen, dass sich das alles hinter der eindrucksvollen Fassade eines „christlichen Volkes" vorbereitet hatte?

Gott hat seine Gemeinde aus der selbstverständlichen Öffentlichkeit des konstantinischen Zeitalters jählings und hundertprozentig herausgeführt. Er hat der Kirche die Reiche dieser Welt und ihrer Herrlichkeit genommen. Er hat sie ins Getto ihrer Kirchenmauern und zum Teil in die Katakomben zurücktreiben lassen. Und in diesen Räumen der kleinen Dinge hat sich dann mit Gottes Beistand ein Reifeprozess vollzogen, der die Kirche ganz neu zur Substanz ihrer Botschaft und zu den biblischen Fundamenten zurückfinden ließ.

Gerade darin, dass Gott der Kirche die Öffentlichkeit nahm, hat sich seine Gnadenführung bewährt, die den Weizen von der verwirrenden Spreu schied, die den Dschungel des sogenannten „Christentums" bis auf die paar ragenden Bäume „Schrift und Bekenntnis" ausrodete und den „heiligen Rest" wieder zur Erscheinung brachte und seine Kirche maßgeblich tragen ließ.

Nicht als ob dieses Getto das Ideal wäre und als ob die Kirche in ihren Mauern eingeschlossen sein sollte, um auf die Welt zu verzichten! So möchte ich niemals verstanden werden! Aber es ist ein Unterschied, ob die Welt einfach durch höheres Kommando mit christlichen Etiketten beklebt und von christlichen Fassaden umstellt und so das Potemkinsche Dorf einer öffentlichen Scheinchristlichkeit errichtet wird oder ob eine im Getto und in den Katakomben gereifte Kirche, ob der im Feuer des Leidens bewährte und angefochtene „heilige Rest" dann (erst dann!) aus diesen Mauern hervorbricht und draußen in Vollmacht die Herrschaft des Christus auch über die Welt proklamiert. Nur so hat Jesus den Taufbefehl verstanden, wenn er befiehlt, dass die Jünger im Namen ihres Herrn, dem alle Gewalt gegeben ist, hinausgehen sollen in die Welt.

[VI,148-150]

Stillehalten

Jesu gewaltige Rede rührt daher, dass er ein gewaltiger Beter ist, und – er kann es sich eben leisten, gewaltig zu beten und die besten Stunden des Tages an diese Aussprache mit dem Vater zu setzen, weil er weiß: Während ich in der Ewigkeit ruhe, geschieht nicht nichts, sondern da gebe ich gerade dem Geiste Gottes Raum, da arbeitet Gott, da geht der Same auf. Wehe der Nervosität der Kleingläubigen, wehe dem Sorgengeist und der Umtriebigkeit der Gebetslosen!

Luther hat einmal gesagt: „Während ich mein Töpflein Wittenbergisch Bier trinke, läuft das Evangelium." Das ist wahrlich das schönste und tröstlichste Wort, das ich je über das Bier gehört habe. Wir sündigen heute in den meisten Fällen nicht dadurch, dass wir pflichtvergessen wären und zu wenig arbeiteten. Wir sollten uns im Gegenteil fragen, ob wir überhaupt noch fähig sind, im Namen Gottes einmal faul zu sein. O, es kann Gottesdienst sein, einmal alle viere von sich zu strecken und aus dem ewigen Machen herauszukommen.

Vielleicht sagt nun der eine oder andere: „So mag es tatsächlich sein, wie er uns das da alles erklärt hat. Aber wie bringe ich es denn zustande, dass ich zu jener Distanz komme, in der ich mich nicht mehr vom Umtrieb entführen, sondern Gott wirken lasse?" Das ist doch das Problem. Wie kommen wir zu diesem Stillehalten?

Ich möchte ein kleines Rezept verraten, obwohl Rezepte in einer Predigt immer etwas Anrüchiges haben; denn sie könnten den Anschein erwecken, als gäbe es gewisse Tricks, als gäbe es gewisse Formen eines Trainings, mit dessen Hilfe man die Kunst des Glaubens erlernen könnte. Als ob der Glaube überhaupt eine „Kunst" wäre! Glaube ist ja nur ein Stillesein, wenn Gott spricht; nur ein Stillehalten, wenn Gott handelt. Nur um dieses Stillehalten geht es, wenn ich das Folgende sage: nur darum also, so könnte man sich ausdrücken, dass wir uns nicht selber im Lichte stehen, wenn Gott uns ein Licht aufstecken will.

Wenn wir in der U-Bahn oder im Omnibus oder hinten im Fond unserer Limousine sitzen, wenn das Telefon einen Augenblick verschwunden ist, dann sollten wir einmal nicht nach unserer Zeitung oder dem nächsten Stapel Unterlagen und nicht nach irgendeinem Knopf, sei es am Radio oder sei es an der Klingelleitung, greifen. Sondern dann sollten wir, nicht ohne Atem zu holen, einmal sagen: „Ehre sei dem Vater und dem Sohne und dem Heiligen Geist, wie es war im Anfang, jetzt und immerdar und von Ewigkeit zu Ewigkeit." Das gibt Distanz und Frieden.

Wir könnten diese Worte dann auch noch meditierend umkreisen: Ehre sei „dem Vater" – das heißt doch: Ehre sei dem, der mich in diesen Augenblick meiner Tagesgeschäfte geschickt hat, der mir meine Mitarbeiter anvertraut und der letzten Endes über alles das entscheidet, was ich nun zu entscheiden habe.

Ehre sei „dem Sohne". Der Sohn ist niemand anders

als Jesus Christus, der für mich gestorben ist. Darf ich mich nun – ich, für den er doch solche Schmerzen gelitten und dem er die Ewigkeit aufgeschlossen hat – in Lappalien und lauter Nichtigkeiten vertun und verzetteln? Muss nun das eine, was not ist, mir nicht ständig gegenwärtig sein und das Vielerlei relativieren, es ein bisschen dämpfen und in Schranken weisen? Für wen oder für was ist denn Christus gestorben: für meine Ladenkasse, für ein Augenzwinkern meines Chefs, den ich bei Laune halten muss, für meinen Fernsehapparat oder andere Belanglosigkeiten? Oder ist er nicht vielmehr gestorben für die Kollegin neben mir, die sich mit etwas herumschlägt, oder für meine Kinder, die ich kaum noch sehe? Und was die Kinder anbelangt: Ist er für ihre Ernährung und Garderobe gestorben oder für ihre Seelen, die ich nicht kenne, weil das Vielerlei sich zwischen ihre Seelen und mich drängt?

Ehre sei „dem Heiligen Geist". O, ich bin voller Geist, ich bin nicht unterbelichtet. Ich habe auch Gefühl und Herz und Gemüt und Fantasie. Aber halte ich noch still, damit ein ganz anderer mich mit seinem Geist durchdringen und mir den Sinn für die wahren Dringlichkeitsstufen des Lebens geben kann?

„Wie es war im Anfang, jetzt und immerdar und von Ewigkeit zu Ewigkeit." Wie sind wir hier umfangen von ewigen Händen, umwölbt von dem Bogen einer verlässlichen Treue und gegründet auf Fundamente, wie sie der Flugsand der täglichen Routine niemals zur Verfügung stellen kann.

Wenn wir diese kleine Übung immer wieder anstellen, werden wir schon bald erfahren, dass das kein mystisches Getue ist und erst recht keine innere Emigration, durch die wir uns den täglichen Pflichten entzögen. O nein, wir werden auch unserem Berufe ganz neu zurückgegeben, wir werden zu Realisten in einem neuen Stil, denn wir wissen um das Große und das Kleine, wir wissen das Eigentliche und das Uneigentliche zu unterscheiden.

Die Fanatiker der Machbarkeit sind im Grunde Toren und sind weltfremd, obwohl sie die kalten und nüchternen Augen von Tatsachenmenschen haben. Wer aber das Geheimnis der still wachsenden Saat begriffen hat und wer wie der Bauer des Gleichnisses, nachdem er das Seinige tat, noch einmal grüßend über die Felder sieht und sich in Gottes Namen schlafen legt, der tut das Frömmste und auch das Klügste. Denn Frömmigkeit und Klugheit hängen enger zusammen, als unsere Schulweisheit und die Weisheit der Manager sich das träumen lassen.

[III,115-119]

Lachen über das Vorletzte

Der Christ macht sich nur über das Vorletzte lustig, während das Letzte ihm unantastbar und heilig bleibt. Er kann dieses Letzte in seiner Heiligkeit gerade auf diese Weise ehren. Er hält es nämlich von der Zone des Lächerlichen ausgerechnet dadurch fern, dass er sich über alles Nachgeordnete und nur Garnierende, dass er sich über die bloßen Kulissen lustig macht. Die Größe des auf der Bühne gesprochenen Textes kann unter Umständen gerade vor unzureichenden, gar nicht vorhandenen oder inadäquaten Kulissen hervortreten. So löst der christliche Humor die falschen Synthesen auf – nicht die Synthese, wie sie in der Gottmenschheit Christi steckt, wohl aber die Synthese, wie sie in der Verbindung Gottes mit dem Menschlichen, Allzumenschlichen von uns gesehen werden kann.

So machte mir einmal ein sehr erfahrener und mit Humor gesegneter Krankenhausseelsorger den Unterschied zwischen nord- und süddeutscher Seelsorge klar: „Wenn ein Pastor (in diesem Fall ein ‚Klarer, Kühler aus dem Norden') einen Hamburger Krankensaal betritt, fragt er mit ziemlich schnarrender Stimme (das dürfte übrigens eine recht freche Übertreibung sein): ‚Wünscht hier jemand Privatseelsorge?' Als niemand sich meldet, sagt er: ‚Dann werde ich eine Andacht halten.' Im Schwabenland dagegen setzt sich der Pfarrer auf die Bettkante eines alten Weibleins und fragt sie: ‚Nun, wo fehlt's denn, Fraule?' – ‚Am Bläsle, Herr Pfarrer.' – ‚Ja', tröstet sie darauf der Pfarrer, ‚der Heiland kann auch am Bläsle anklopfe.'"

Hier wird, so finde ich, in sehr liebenswerter Weise das Menschliche und durchaus Komische einer seelsorgerlichen Methode samt ihrem Bilder-Cocktail (also wieder ein Vorletztes!) von der Botschaft selbst abgehoben. In ihrem eigentlichen, ihrem letzten Kern bleibt die Botschaft durchaus unangetastet.

[XII,149ff]

Würdenträger

Auf den Gegensatz zwischen Letztem und Vorletztem ist eines der ältesten Zeugnisse christlichen Humors gegründet, das wir besitzen. Es stammt aus der Zeit der Wüstenväter, aus dem vierten Jahrhundert. In einer solchen Mönchsgemeinschaft fand sich ein junger Novize, der sich recht aufsässig gebärdete und dem der Abt wegen seiner Disziplinwidrigkeit oftmals ein Privatissimum halten musste. Bei solchen Gelegenheiten pflegte er ihm zu sagen: „Wenn du so weitermachst, wirst du einmal ins höllische Feuer kommen!" Als der Novize dann tatsächlich starb, wurde es dem Abt durch eine besondere Gnade des Himmels ermöglicht, mit dem abgeschiedenen Novizen in Verbindung zu bleiben. So fragte er ihn denn, wie es ihm gehe und ob er nun die Folgen seiner Aufsässigkeit erleiden müsse. „Ja, ehrwürdiger Vater", erwiderte der Novize, „Ihr habt in allem recht gehabt. Ich stehe in einem feurigen Strom und leide schreckliche Qualen." –„Siehst du, mein Sohn, dir geschieht nun ganz recht, aber ich bete immer für dich, dass deine Strafe gemildert wird." – „O ja", sagte der junge Mönch, „das merke ich deutlich, dass Ihr für mich betet, ich habe schon Erleichterungen bekommen." Darauf, etwas verwundert, der Abt: „Welche Erleichterungen sind dir denn durch mein Gebet zuteilgeworden, mein Sohn?" – „Nun: Ich bin zwar noch in dem feurigen Strom, aber nicht mehr so tief; ich darf jetzt auf dem Kopf eines Bischofs stehen."

Das Vorletzte, das hier relativiert und zum Gegenstand humoriger Belächelung wird, ist die kirchliche Institution samt ihren Amts- und Würdenträgern. Sie dürfen durchaus eine wenig honorige Rolle in der Hölle spielen! Die Ehrerbietung vor dem „Letzten" – der Respekt vor Gericht und Verwerfung – bleibt davon unberührt, selbst dann, wenn auch die Höllen-„Vorstellung" ihrerseits noch mit in den Umkreis des Relativierbaren und Vorletzten verwiesen wird.

Gerade hier manifestiert sich eine Eigenschaft des Humors, die Jean Paul geradezu als sein tragendes Element bezeichnen kann, wenn er geistvoll formuliert: Der Humor vernichte das Endliche durch den Kontrast mit der Idee. Man braucht hier statt „Idee" nur zu sagen: „das unbedingt Ernste, das Ewige", und für das „Endliche" nur den Begriff des Vorletzten zu verwenden – und schon haben wir ein Strukturbild des christlichen Humors.

[VII,151f]

Gott vom Ende her loben

Was ist das Geheimnis jenes mitternächtlichen Lobes, das Paulus ausgerechnet in der Dunkelhaft seines Gefängnisses anstimmt? Ist es ihm so wohl? Hat er einen lyrischen Augenblick, wo der Überschwang seines Herzens sich einfach in Worte fassen muss? O nein! Sein Rücken ist wund von den Peitschenhieben, seine Füße sind in einen Marterstock gespannt, und es ist feucht und beklemmend um ihn her; und auch der Gedanke mag ihn peinigen, was aus der Gemeinde werden soll, wenn Gott es zulässt, dass ihre Führer von der Polizei geschnappt und mundtot gemacht sind. Der Körper und die Seele des Paulus sind gleichsam von allen Seiten durch die Qual umzingelt.

Aber er lobt Gott, statt zu jammern oder auch (wie wir es vielleicht tun würden) statt die Zähne aufeinanderzubeißen. Warum?

Gott loben heißt, die Dinge von ihrem Ende her sehen, sie von den großen Zielen und Erfüllungen Gottes her betrachten. Darum kann Paulus um Mitternacht singen, obwohl ihm so bang und beklommen zumute ist. Darum muss er sogar singen, denn er weiß: Wenn er in all den physischen und inneren Qualen es einfach wagt, Gott zu loben – allem Augenschein und seinem Verstande und seinen Nerven zum Trotz –, dann wird dieses Ende der Wege Gottes vor seine Seele treten, und dann wird mitten in dem feuchten Loch das Reich Gottes um ihn sein.

Wer von uns gar nicht mehr aus noch ein weiß, der soll einmal alles Hadern und vielleicht sogar alles Bitten einen Augenblick lassen und soll getrost einmal loben, damit er sich auf das Ende der Wege Gottes einspielt, wo die ewige Liturgie im Himmel erklingt. Nichts verändert uns so – und gerade in den dunkelsten Augenblicken unseres Lebens – wie das Lob Gottes.

Ich kenne jemanden, der durch seine Stille und Gelassenheit vielen Menschen Frieden zu geben vermag, gerade auch in den schwierigen Zeiten des Bombenkrieges. Er sprach mir einmal von diesem Geheimnis: In den fürchterlichsten Augenblicken eines Fliegerangriffs höre er auf, Gott zu bitten, sondern würde ihn nur noch loben. Dadurch sei er gleichsam der Bannung durch den schrecklichen Augenblick entzogen, dadurch blicke er über diese Sekunden der Todesangst hinaus und sehe die Weite der Ewigkeit und das Ende aller Wege Gottes, auf denen diese bangen Sekunden eben nur ein vorüberrauschender Augenblick seien. Dadurch stiegen seine Gedanken über die Feuerglocke empor und gewännen eine ganz neue Perspektive.

So bedeutet Gott loben, die Dinge von ihrem Ende her sehen. Einen Menschen kann man nur loben, wenn man gesehen hat, was er leistet. Gott muss man loben, um zu sehen, was er leistet. Darum sollen wir ihn gerade in den ausweglosesten Augenblicken unseres Lebens loben. Dann lernen wir auch für unser Leben den Ausweg sehen, einfach deshalb, weil Gott am Ende aller Wege und Sackgassen steht.

[VI,164-166]

Salzkraft

Wenn man viele Christen in ihrer oft weichen und femininen und süßlichen Art sieht, möchte man meinen, dass sie doch den Ehrgeiz hätten, der Honigseim der Welt zu sein. Sie versüßen und verzuckern die Bitternis des Schicksals durch eine allzu billige Vorstellung vom lieben Gott. Sie erweichen die Härte der Schuld durch eine fast beängstigende Kindschaftsromantik. Sie haben die Hölle wegretuschiert und sehen nur den Himmel offen. Sie stecken vor Teufel und Anfechtung den Kopf in den Sand und haben das ewige und verkrampfte Lächeln einer gespielten Weltüberwindung auf ihren Zügen. Das Reich Gottes, das unter den Wehen der Geschichte und unter wilden Schmerzen, das unter den Exzessen des Antichrists und unter dem Stöhnen der Märtyrer hereinbrechen soll, ist ihnen zu einem harmlosen Blütengarten geworden, und ihr Glaube ein süßer Honig, den sie diesen Blüten entnehmen. Daher kommt es denn auch, dass die Welt sich an diesen Christen immer wieder überisst und sich angeekelt abwendet, weil sie spürt, dass das Leben härter ist und dass es deshalb größeren Anstand verrät, wenn man seine Bitternisse unverzuckert erträgt.

Aber Jesus sagt ja gar nicht: „Ihr seid der Honig", sondern: „Ihr seid das Salz". Das Salz beißt; und die unverkürzte Botschaft vom Gericht und von der Gnade Gottes hat denn auch noch immer gebissen, so sehr, dass man dagegen aufbegehrte und oft genug wieder gebissen hat. Der Honiggott der natürlichen Weltanschauungen war leichter zu ertragen. Wo Salzkraft in einer Kirche und in einer Predigt ist, da findet man auch immer das saure Reagieren. Denn das Salz beißt und ätzt überall da, wo wir Menschen wunde Stellen haben. Wir aber wollen eine Heilung ohne Schmerzen – und außerdem sind wir nicht gern an jene wunden Stellen erinnert. Darum schreit die Welt nicht nur nach dem Goldenen Kalb, sondern nach den Honiggöttern, die unsere tiefsten Wunden vergessen machen.

Wo das saure Reagieren auf die Botschaft nicht mehr da ist, da fehlt das echte Salz. Es ist ein bedenkliches Zeichen, wenn die Welt in einem allzu ungetrübten Frieden mit der Kirche lebt und wenn eine Gemeinde allzu begeistert von ihrem Prediger ist. Dann hat er in der Regel kein Salz von der Kanzel gestreut. Die Menschen unter der Kanzel hat es nicht gebissen, und so sind sie denn nach Hause gegangen und haben gemeint, sie seien gesund, sie trügen keine Wunden, und der liebe Gott hätte sie „mit heiler Haut" davonkommen lassen. Begeisterung und allzu einmütige Zustimmung zu einer Predigt pflegen auf bedenkliche Mangelerscheinungen zu deuten.

Und weiter: Das Salz hat eine Fäulnis verhindernde, eine konservierende Kraft. Das Fleisch des Abendlandes ist faulig und stinkend geworden, seitdem das Salz fehlt. Gewiss, man hat Fortschritte gemacht, man ist technisch auf der Höhe, man hat die Freude des

Diesseits entdeckt, man liebt das braun gebrannte, das lebensfrohe, das junge Fleisch. Aber darin kann der Wurm sitzen, und wohin wir mit der Devise der sonnengebräunten Lebensbejahung gekommen sind, in welchen Abgrund die Welt ohne Gott stürzt (diese in ihren eigenen Wonnen erschauernde und sich selber vergötternde Welt), das haben wir ja wahrhaftig in einer Weise am eigenen Leibe erfahren, dass ich darüber kein Wort zu verlieren brauche.

Wir, einschließlich aller nur denkbaren Freidenker, Atheisten und Antitheisten, leben alle noch vielmehr vom christlichen Erbe, vom „Salz im Fleisch", als wir es selber wissen. Aber der Organismus unseres Vaterlandes, ja unseres ganzen Erdteiles, hat es allmählich aufgesaugt. Darum sind die Jünger so nötig, die neue Salzkraft in die Welt tragen und sie gegen die eingedrungenen Giftstoffe der Fäulnis und der Verwesung – gegen alle jene Prozesse, die man mit einem ahnungsvollen Namen als „Untergang des Abendlandes" bezeichnet – immunisieren helfen.

[IV,40-42]

Dummheit

Der einsame Christ steht unter einer großen Verheißung: Er ist Salzkorn. Die große Masse des Teiges hat diese Verheißung nicht – höchstens insofern, als sie sich salzen lässt. Dieser eine Christ aber hat nicht nur die Verheißung, sondern er ist als Salzkorn auch Träger der Verheißung; das ist seine Verantwortung.

Aber freilich, um dieser Verheißung teilhaftig zu werden und diese Verantwortung zu erfüllen, muss er nun aus dem Salzfass heraus. Und im Salzfass ist es doch sooo schön! Da sind die Frommen unter sich. Da versteht man einander. Darum sind die Christen oft so schwer in den Teig hineinzukriegen. Sie überlassen ihn lieber seinem Fäulnisschicksal und trösten sich damit, dass er ja doch verloren ist. Sie haben Angst, von den Weltkindern angesteckt zu werden, sich mit Politik zu besudeln, am inneren Leben Schaden zu nehmen. Dabei ist es gerade umgekehrt. Wer im Fass bleibt, wird dummes Salz, und nicht, wer in den Teig geht. Man soll doch Verheißung und Befehle Jesu einmal ganz ernst nehmen.

Manche sagen: Ich muss erst selber noch mehr wachsen und am inneren Leben zunehmen, ehe ich davon reden, ehe ich mich in eine Diskussion einlassen oder überhaupt nur öffentlich als Christ bekennen kann. Ich bleibe lieber noch im Salzfass. Du Narr, weißt du nicht, hast du nicht gehört, dass dir der Geist Gottes übermächtig schenken und ins Ohr sagen wird, was du weiterzugeben hast, und dass du gerade im Herausgehen wachsen wirst? Aber du musst hinaus, sonst merkst du es eben nicht. Dein inneres Leben wächst an den Aufgaben, die dein Herr dir stellt, aber bestimmt nicht im Salzfass.

Die meisten Christen sind dumm wie die Schildbürger. Ungehorsam ist nämlich immer zugleich auch Dummheit (in jenem gefüllten Sinne, in dem die Gottlosen „Toren" genannt werden), obwohl die meisten Menschen ausgerechnet aus Klugheit und Berechnung meinen, ungehorsam sein zu müssen. Ich habe zum Beispiel immer beobachtet: Wer im Kirchenkampf, als es um harte und oft gefährliche Entscheidungen ging, nicht wagte, gehorsam zu sein und Gottes Verheißungen blindlings zu vertrauen, der hatte für seine ungehorsamen und auf lange Sicht auch dummen Kompromisse immer die klügsten Argumente und raffiniertesten taktischen Erwägungen. Genauso ist es auch in unserem Fall. Der Christ bleibt im Salzfass, weil er meint, er sei hier am besten aufgehoben. Er will also klug sein und wird gerade darum – dummes Salz. Das Salz wirkt und ist nur, indem es sich opfert.

[IV,43-45]

In der Minderheit

Nur auf die Menge gesehen bleiben die Christen ein kleines Häuflein, da sind sie eine hoffnungslose Minorität, und Luther hat gewusst, was er sagte, als er den Christen einen einsamen Vogel nannte, der irgendwo auf dem Dach sitze und sein Liedchen trällere. Wir haben das ja alle schon einmal an uns selbst erlebt, wie es ist, wenn wir in unserem Betrieb oder im Büro oder in unserer Klasse niemanden haben, der in den entscheidenden Dingen des Lebens mit uns einig ist. Wir fürchten uns manchmal vor dem etwas befremdeten Blick, mit dem uns sonst sehr nette und verständige Leute ansehen, wenn wir im Gespräch einmal Glaubensdinge anklingen lassen oder gar unser Tischgebet verrichten. Dann ist es manchmal so, als ob wir von einer unsichtbaren Isolierschicht umgeben wären, die einen trotz allem herzlichen Verhältnis und trotz aller Kameradschaft doch ein bisschen fremd, im Entscheidenden fremd bleiben lässt. Ja, so ist es: Wir sind in der Minorität. Nur dass Jesus uns nun zu verstehen gibt: Dieser quantitative Gesichtspunkt des Abzählens ist völlig falsch. Wie lächerlich ist es zu sagen: Hier sind ein paar Gramm Hefe, und da sind zwei Pfund Mehl. Nach der demokratischen Verfassung des Backofens muss also das Mehl den Ton angeben, weil die Hefe überstimmt ist. Jesus sagt uns gerade umgekehrt: Es kommt darauf an, wo die eigentliche Wirkkraft sitzt, und die hat eben die Hefe und nicht das Mehl; die hat das Salz und nicht die Suppe; die hat das Licht und nicht die hundert Kubikmeter Finsternis.

Solange die Salzkörner freilich im Salzfass sind und solange das Licht unter dem Scheffel ist, merken sie nichts von dem, was ihnen als Kraft innewohnt. Und wenn das Licht denken und träumen könnte, würde es vermutlich Angstvorstellungen bekommen, wenn es sich klarmachte: Draußen ist alles kohlrabenschwarze Nacht, und ich bin nur ein kleines Licht. Was soll ich da machen?

Das ist genau die Angstvorstellung vieler Christen, vielleicht unser aller geheimer Albdruck, wenn wir so im Bann des verfluchten Zahlendenkens zu dem Minderwertigkeitskomplex der Minorität kommen, wenn wir uns klarmachen, dass so viele prominente und einflussreiche Leute rein gar nichts von dem wissen wollen, der nun einmal unser Leben ergriffen hat, und wenn wir uns dann in das Salzfass und unter den Scheffel unserer christlichen Gesinnungsgemeinschaften zurückziehen, wo die paar frommen Körnlein und die christlichen Kerzenstümpfe verschüchtert zusammenhocken und Trübsal blasen.

Stattdessen sollten wir uns von Gott einmal den frommen Schwung und die herzhafte Keckheit schenken lassen, uns in die Weltsuppe und in die Weltfinsternis hinauszuwagen. Wir sollten dort, wo immer wir auch stehen, zu sagen wagen, wer wir sind und was wir glauben. Dann würden wir schon unser blaues Wunder erleben: dass der Herr nämlich recht hat, wenn er von der Kraft des Durchsäuerns und des Leuchtens spricht. Wenn wir die anderen und wenn wir unsere Umgebung nicht durchsäuern, wenn wir also unsere Christengabe nicht arbeiten lassen, werden wir selber säuerlich. Und die vielen säuerlichen Christen und „verdruckten" Existenzen, die wir in der Kirche haben, das sind lauter Salzfassprodukte, die sich nicht hinaustrauen; die sind dann selber von chemischen und psychischen Zersetzungsprozessen angefressen. Wir müssen uns ganz realistisch klarmachen, dass die Leute in unserer Umgebung, die Christus nicht kennen, ein sehr armes und fades Mehl sind, ja, dass sie den Wurm haben – auch wenn sie äußerlich vielleicht „Großkopfete" und piekfein gemahlene Körner sind. Wir müssen uns einfach daran erinnern lassen, dass sie uns als Salz und Sauerteig bitter nötig haben. Dann verlieren wir ganz von selbst die Angst vor der Minorität und werden dessen inne, dass wir einen Auftrag haben und dass es sich lohnt – ganz einfach lohnt! –, den Verheißungen Jesu zu trauen und realistisch mit ihnen zu rechnen.

[III,77-79]

Das Wunder der Kirche

Wo Jesus durch sein Wort und seinen Geist Kirche gründet, da ist das immer daran erkennbar, dass die Seinen aus ihrem bisherigen Leben herausgerufen werden und dass eine reibungslose Installierung in der Welt (und auch wohl in der „pluralistischen Gesellschaft") nicht mehr möglich ist. Es war keine Kleinigkeit für Abraham, wenn er aus Vaterland und Freundschaft und allen vertrauten Bindungen hinweggerufen und ins Unbekannte entboten wurde. Und es war keine Kleinigkeit, wenn Jesus denen, die seine Pflugschar ergriffen, verbot, zurückzuschauen (zurückzuschauen auf die Toten, die sie noch begraben, auf das Weib, das sie noch nehmen, und den Acker, den sie noch kaufen wollten). Sie bekamen zwar alles vielfach zurück, was sie so hinter sich ließen, und sie alle wussten am Schluss, dass sie beschenkt worden waren und dass sie die eine köstliche Perle gefunden hatten, um derentwillen es sich lohnte, alles andere preiszugeben. Sie alle wussten im Rückblick, dass Gott sich nicht hatte „lumpen" lassen und dass sie an dem, was er ihnen schenkte, überhaupt erst erfuhren, was das Leben zu sein vermag und was Glück ist. Aber vorher mussten sie eben durch Sterben und Abschied hindurch. Vorher mussten sie im Vertrauen auf diese Großzügigkeit Gottes alles von sich abwerfen, was ihrem Leben Sinn und Inhalt gegeben hatte. Zuerst mussten sie bereit sein, die große Operation an sich vollziehen zu lassen. Dann erst standen sie als neue Menschen auf.

Vielleicht muss auch unser heutiges Christentum durch dieses Feuer der Läuterung hindurch. Vielleicht werden der Kirche einmal alle jene staatlichen Stützen entzogen, und die Tümpel mit dem brackigen Wasser werden abgelassen. Vielleicht wird nicht nur die kommunistische, sondern auch die sogenannte freie Gesellschaft des Westens sich von diesem Fremdkörper in ihrem Leib befreien wollen oder ihn durch allgemeine Gleichgültigkeit auszuschwitzen trachten. Vielleicht hat Gott diese Pferdekur tatsächlich mit uns vor. Aber gerade dann wird die Stunde der Verheißung anbrechen, weil dann jener „heilige Rest" bleiben wird, mit dem Gott seine Schlachten schlägt. Dann werden wir vor dem Wunder der Kirche stehen, weil nur dann deutlich werden kann, dass sie vom Worte ihres Herrn lebt, nur von diesem Wort und von nichts anderem. Dann wird dieses Wort sich vielleicht (wie in Russland) der Großmütter bedienen, die ihre Enkel den Katechismus lehren. Dann werden im Geheimen ordinierte Priester in Katakomben predigen. Und während die großen Dome zerbrochen oder zu Garagen entfremdet sind, wird die Fackel des Wortes im Verborgenen weitergereicht von Hand zu Hand, bis die Stunde kommt, wo die großen Fanale wieder aufleuchten und die Stadt auf dem Berge von allen gesehen wird.

Denn das ist das Wunder der Kirche: dass sie aus allen selbst bereiteten oder von anderen geschaufelten

Gräbern wieder aufersteht und dass sich der Rhythmus von Golgatha und Ostermorgen immer neu an ihr vollzieht. In wie viele Begriffsgräber ist sie von den Philosophen eingesperrt worden, wie viele Grabplatten falscher Theologien und pseudochristlicher Zeitgeister haben das Wort in die Gräber gedrückt. Aber aus allen Verfälschungen, aus allen Häresien hat es sich wieder erhoben und war taufrisch wie am ersten Tag. Keine „Idee" hätte das ausgehalten, ohne kaputtzugehen oder im Mausoleum der Geschichtsbücher einen traurigen Nachruhm zu genießen.

Aber es geht ja auch gar nicht um eine „Idee", sondern es geht darum, dass Christus auferstanden ist und lebt und dass er immer wieder neu an unsere Pforten klopft, wenn wir ihn ausgesperrt haben. Das, das ist das Wunder der Kirche.

[II,294f]

Gottesdienst

Die Kirche ist niemals Selbstzweck. Um es einmal ganz banal auszudrücken: Wir sind ja keine Christen, damit es eine Kirche geben kann; sondern es gibt eine Kirche, damit wir Christen sein und damit wir unser Heil gewinnen und zu unserer ewigen Bestimmung durchfinden können. Insofern hat die Kirche eine nur dienende Funktion. Wenn jemand allzu viel davon redet, ist das nur verdächtig. Dann könnte ihm vielleicht die Institution näherstehen als der Herr, dem die Institution dient.

Ich weiß, warum ich das heutzutage sagen muss: Manche scheinen nämlich völlig darin aufzugehen, liturgische Ordnungen der Kirche aufzubauen und über die Gestalt der Gottesdienste nachzudenken und sie zu reformieren. Ich will nichts gegen diese ehrenwerten Männer sagen. Aber sie müssen sich doch fragen lassen, ob es wirklich Gottes Wille ist, dass wir hier manchmal allzu selbstzwecklich einen pompösen Kultus zelebrieren, oder ob der Gottesdienst nicht dazu da ist, dass er uns eine eiserne Ration und eine Wegzehrung mitgibt für das, was wir draußen – außerhalb des Gottesdienstes! – brauchen: wenn wir nämlich auf unserm Kontorschemel sitzen oder an unserer Werkbank stehen oder unsere Briefe ins Diktiergerät hineinsprechen. Der Gottesdienst ist doch dazu da, dass wir auf eine neue und gestärkte Weise ins Leben entlassen werden und dass er uns das Wort des Herrn mit auf den Weg gibt, damit wir unterwegs davon leben können.

Darum singen wir auch am Schluss des Gottesdienstes „Unsern Ausgang segne Gott" und bitten darum, dass das, was wir eben gehört haben, nun unser sehr weltliches Tun und Lassen bestimmen und als Wolke des Segens über uns stehen möge.

Selbst das Abendmahl ist nicht eine kultische Handlung, in der wir so etwas wie den „Höhepunkt des Gottesdienstes" und die Verbundenheit der „Kerngemeinde" erleben sollten (was ist das überhaupt?), sondern es war ursprünglich und sollte auch heute sein: eine Stärkung zum Aufbruch, wenn wir wieder zu Kampf und Arbeit und Anfechtung hinausmüssen, wenn wir wie Schafe mitten unter die Wölfe geschickt werden. Das ist keine kultische Feier, sondern die tröstende Vergewisserung, dass der Herr bei uns bleibt, wenn der Kultus zu Ende ist und wenn die Welt der Terminkalender, der Telefone und der Motoren uns mit ihren Geräuschkulissen umstellt. Dann sollen wir dessen gewiss sein, dass er auch diese Welt regiert, dass er uns Aufgaben der Liebe stellt (in Vorzimmern und Laboratorien und daheim in unserem Haus) und dass er überall am Wegesrand seine Grüße für uns parat hat und uns dessen gewiss werden lässt, dass er unser gedenkt.

[II,289f]

Kein betendes Land

Man könnte die religiöse Geschichte Deutschlands schreiben unter dem Gesichtspunkt, welche Rolle das Gebet gespielt hat und spielt. Es gilt, das eine ganz eindeutig und klar zu erkennen: Wenn die Menschen aufhören mit Gott zu reden und in seiner Gemeinschaft ein- und auszuatmen, dann reden sie nur noch „über" Gott. Und je mehr man über ihn redet, umso mehr ist der Faden und ist die Lebensbrücke zu ihm durchbrochen – obwohl diese Gespräche so fromm und so ernsthaft klingen. Es dauert dann nicht mehr lange, bis man auch nicht mehr „über" ihn spricht, sondern in einer mehr oder weniger atheistischen Weise zur Tagesordnung übergeht. „Ihr sogenannten religiös Interessierten, warum betet ihr nicht?" Der Seufzer eines Sterbenden zu Gott ist mehr als eine ganze religiöse Weltanschauung; denn bei jenem seufzenden und stammelnden Aufblick ist der Sterbende allein mit Gott – und darauf kommt schließlich alles an; aber in der religiösen Weltanschauung sind die Menschen unter sich. In Deutschland sind die Menschen so entsetzlich unter sich, denn es hat aufgehört, ein betendes Land zu sein. Darum werden die Auen so dürr und die Herzen voll Hass, und der Segen beginnt zu weichen. Wenn wir die Gemeinschaft mit Gott verlieren, zerfallen wir auch untereinander. Die Schwerthand muss zugleich Bethand sein, sonst verdorrt sie.

[VI,38]

Mehr als Philosophie

Das Neue Testament und auch die Lieder der Kirche weisen darauf hin, dass wir alle (auch wir mündigen, vernünftigen und intellektuell vielleicht auf Hochglanz polierten Leute) solche Augenblicke kennen, wo wir nur noch ein Häufchen Elend sind, wo wir nicht mehr geordnet und in sinnvollen Satzperioden sprechen, sondern wo wir nur noch „seufzen" können. Wer sein Heil bei einer Lehre oder auch bei einem christlichen theologischen Dogma sucht, ist verraten und verkauft, wenn er nur noch seufzen kann und vielleicht ein Nervenbündel ist. Denn Seufzen und Erkennen, Stöhnen und Denken sind zweierlei.

Wer aber weiß, dass er es eben nicht mit dem „Es" eines Dogmas oder einer tiefsinnigen Erkenntnis, sondern mit einem lebendigen Herzen, eben mit dem Heiland zu tun hat, der ist dessen gewiss (und das ist so ungeheuer, dass man es nicht begreifen kann!), dass auch sein letzter Seufzer, dass die Satzfragmente und Wortfetzen der Sterbenden oder auch der Irren hier noch ankommen, hier noch gehört und in Liebe verstanden werden. „Wenn ich auch gleich nichts fühle von deiner Macht", wenn ich diese Macht auch in meinem Denken nicht mehr finde, wenn ich nichts mehr sehen, fühlen und schmecken kann, „du führst mich doch zum Ziele auch durch die Nacht".

Manchmal im letzten Krieg schrieben meine Studenten aus dem Feld an mich, und immer wieder kehrte der eine Satz in vielen Variationen wieder: Ich bin so erschöpft vom Marschieren, ich bin so leer im Magen, ich bin so verlaust und von Juckreiz geplagt, ich bin so zerquält von der schneidenden Kälte in Russland und so todmüde, dass mich das alles total ausfüllt und ich keinen Innenraum mehr frei habe, an irgendetwas Vernünftiges zu denken. Nicht nur Hölderlin ist schon lange vergessen, ich bin auch zu schwach, nur die Bibel aufzuschlagen; selbst für das Vaterunser bin ich zu apathisch. Meine ganze geistige Existenz ist zerrüttet und verkommen. Ich vegetiere nur noch.

Was sollte ich diesen jungen Männern antworten? Ich habe ihnen geschrieben: „Seid dankbar, dass das Evangelium mehr ist als eine Philosophie. Wäre es eine Philosophie, so hättet ihr sie nur so lange, wie ihr sie auch denken und wie ihr euch den Komfort des geistigen Menschen leisten könnt. Wenn ihr aber nicht mehr an Gott denken könnt, so denkt er doch an euch."

Das, genau das ist das Wunder des Evangeliums: Nicht nur wir sind auf dem Weg. Es kommt uns auch einer entgegen, der uns kennt. Wenn wir nichts von ihm fühlen, so fühlt er doch uns. Wenn wir wie Zachäus auf dem Beobachtungsposten im Baum sitzen und Ausschau halten, was die Religionen und Philosophien uns zu bieten haben und ob es sich vielleicht lohne, in dieser Konkurrenz auch Jesus von Nazareth einmal näher in Betracht zu ziehen, so hat er uns schon erblickt und kennt unseren Namen und ruft uns zu: Komm schnell herunter, ich will zu dir. Das alles liegt in der einen Tatsache beschlossen, dass wir es nicht mit den Heilsideen oder der Ethik des Christentums, sondern dass wir es mit einem lebendigen Heiland zu tun haben. Und während wir das Herz aller Dinge suchen, ist uns in diesem Herzen schon längst eine Heimstatt bereitet. Wir aber haben keine Ahnung davon.

[I,37f]

Unser Vater

Vor einigen Jahren brachte eine bekannte Zeitschrift folgenden Gedankengang über das Gebet: Irgend so etwas wie beten müsse der Mensch wohl, und zwar aus folgendem Grund:

Auf den heutigen Menschen stürme von außen so viel an Arbeit, Betrieb, Telefon, Korrespondenz, Hupen und Klingeln der Verkehrsmittel, Rundfunk und Kino herein, dass er unbedingt einen Wall aufrichten müsse, um sich vor dieser Unsumme an Eindrücken und Anforderungen zu schützen. Das beste Schutzmittel nun, um nicht völlig von diesen Eindrücken und Aufgaben absorbiert und aufgefressen zu werden, sei ein Zustand innerer Sammlung, der gleichsam einen Ausgleich bilden müsse gegen das ständige Nach-außen-gewandt-Sein in unserem heutigen Lebensstil. Dieser Zustand innerer Sammlung habe zweifellos Ähnlichkeit mit dem, was der Christ als „Gebet" bezeichne. Natürlich, so meinte dann jener Artikelschreiber, dürfe man bei diesem inneren Selbstgespräch nicht so tun, als ob man wirklich mit einem „Du", mit „Gott", rede. Auf diese Hilfskonstruktion im Jenseits, wo angeblich unsere heimlichsten Worte aufgefangen werden, müsse man billigerweise verzichten. Man müsse sich ganz nüchtern klarmachen, dass es sich dabei wirklich nur um ein klärendes und der Sammlung dienendes Selbstgespräch in unserem Innern handle.

Ist diese Sehnsucht nach dem Gebet, die sich selbst die eigentliche Erfüllung versagt, nicht erschütternd? Spielt sich hinter dem heroisch erstarrten Antlitz dieses Menschen nicht die ganze Tragödie eines Kindes ab, das seinen Vater verloren hat?

Denn die innere Situation, die sich hier abzeichnet, ist doch so: Der Mensch geht durch den dunklen, nächtlichen Wald des Lebens. Um ihn herum lauern Gespenster und beunruhigen ihn erregende Geräusche. Es gibt so viele Gefahren in diesem dunklen Wald. Der heutige Mensch hat für die Witterung dieser Gefahren das Wort „Lebensangst" erfunden. Er gäbe etwas darum, wenn einer da wäre, der ihn begleitete, der ihm die Hand auf die Schulter legte und sagte: „Sei ruhig, ich bin bei dir! Ich kenne die Schluchten, ich kenne die gefährlichen Abhänge, ich kenne die räuberischen Höhlen, ich bringe dich sicher hindurch. Solange ich bei dir bin, kann dir niemand etwas tun." Er gäbe etwas darum, wenn es so wäre.

Aber nun weiß der Mensch – oder glaubt es wenigstens zu wissen –, dass es diesen Jemand, der da käme, gar nicht gibt und dass er eben allein in dem dunklen Walde seines Lebens ist. Darum beginnt er nun, laut vor sich hin zu reden, so wie das Kinder tun, wenn sie allein die finstere Kellertreppe hinuntermüssen, damit sie sich am Klang der eigenen Stimme beruhigen. Aber es ist ja niemand da, und man ist so fürchterlich allein.

Seht, und nun lehrt uns Jesus Christus, allem Augenschein dieser Lebenslage zum Trotz, dass wir wirklich sagen dürfen: „Unser Vater!", und dass da nun eine Stimme ist, die uns wirklich und wahrhaftig antwortet. Jedoch, wenn ich unsere Stimme und die antwortende Stimme des Vaters so nacheinander nenne, habe ich eigentlich das Verhältnis umgekehrt, denn die Stimme des Vaters ist ja viel eher da als die unsrige. Es ist ähnlich wie in den Samuel-Geschichten des Alten Testaments: Ich höre eine Stimme, die meinen Namen ruft. Und nun kann ich nur noch sagen: Hier bin ich, hier hast du mich! Nun darf ich mit dem, der zuerst einmal meinen Namen gerufen hat, sprechen wie das Kind mit seinem Vater, darf ihm von allen großen und kleinen Dingen erzählen, die mich bewegen.

[VI,14f]

Auf sein Wort hin

Die Hauptsache beim Beten ist eigentlich nicht, dass wir bestimmte Anliegen vorbringen, sondern dass wir in Verbindung, in persönliche Gemeinschaft mit dem Vater kommen. Wenn ich gar nichts anderes tue, als nur von Herzen sage: „Lieber himmlischer Vater!", dann ist die Hauptsache bereits geschehen.

Nun wissen wir aber schon aus menschlichen Gemeinschaften, dass zu ihnen einfach die Sprache hinzugehört. Wir alle wissen zum Beispiel um Ehen, in denen man nicht mehr miteinander spricht. Diese Ehen sind erstorbene Gemeinschaften und traurige Überreste einer längst versunkenen Liebe, auch wenn sie nicht geschieden sind. Zur lebendigen Gemeinschaft gehört das Wort, gehört der Austausch; und wenn Walter Flex einmal sagt, die Tiefe einer Freundschaft erweise sich darin, wie lange man miteinander schweigen könne, ohne dass es peinlich wirke, dann ist eben hier das beredte Schweigen gemeint. Dieses beredte Schweigen deutet auf einen Grad der Gemeinschaft, in dem man sich gleichsam in dauerndem innerem Austausch befindet, aber doch so, dass man ihn nicht mehr in gesprochene Worte zu fassen braucht, weil die Wellen des inneren und unhörbaren Gespräches immer hin- und herspielen.

Weil also das Wort zu jeder persönlichen und lebendigen Gemeinschaft hinzugehört, steht auch das Wort im Mittelpunkt der Heilsgeschichte unseres Gottes.

Darum wird Jesus geradezu das „fleischgewordene Wort" genannt; denn in allem, was er sagt und tut, wie er lebt und stirbt, spricht Gott ein Wort in mein Leben hinein, das Wort nämlich: Du sollst mein Kind sein, und mein ganzes Herz steht dir offen!

Darum hat uns Gott nicht nur fromme Gefühle und eine subjektive „Religiosität" gegeben, wie sie etwa unter dem Duft des Weihrauchs, unter dem Klang der heiligen Musik oder im Schweigen einer sonnendurchfluteten Waldlichtung geweckt werden mögen; diese frommen Gefühle vergehen, vielleicht schon in der nächsten Stunde, wenn mich irgendeine Katastrophennachricht erreicht. Das „Wort" aber vergeht nicht. Die Tröstung (und das heißt eben das Wort): „Ich habe dich bei deinem Namen gerufen, du bist mein", gilt nicht nur, wenn es mir in der Feierlichkeit einer Gottesdienststunde nachgerufen wird, sondern es folgt mir auch nach in die Unfeierlichkeit meines feuchtkalten Luftschutzkellers oder in die verzehrende Sonnenglut der afrikanischen Steppe.

Darum heißt es eben auch nicht, wie es Goethes Faust gerne möchte: „Im Anfang war die Tat", sondern es heißt eben und bleibt so: „Im Anfang war das Wort." Denn Taten und Täter vergehen, und die Gischt, die ihre Kiellinie im Ozean der Geschichte bezeichnete, sinkt schon bald wieder zur Glätte der Wasserfläche zusammen, und kaum etwas erinnert dann noch an die Erscheinungen, die einmal so viele erregten und die Tiefen der Geschichte aufwühlten. Nochmals: Taten und Täter vergehen! Aber das

Vater-„Wort" Gottes, das uns Menschen vom ersten Schöpfungstag an zuruft: „Du bist mein!" – dieses Wort besteht auch in den Sonnenfinsternissen der Geschichte und gilt noch unter dem Hufschlag der apokalyptischen Reiter und wird noch das rettende Wort in der großen Endabrechnung Gottes sein, wenn der Richter auf uns zutritt und auf einmal unser Vater ist. Und seht, darum müssen auch wir durch unser „Wort" diese Gemeinschaft suchen. Nur wenn wir mit unseren Worten alles aussprechen, was uns bedrängt (die großen und die kleinen Sorgen, unsere Bedrängnis durch die Schuld und den Hunger nach Frieden), nur wenn wir das alles in „Worten" zusammenfassen und vor ihn treten und zu ihm dringen und zu ihm sprechen: „Du hast gesagt: Alle eure Sorgen werfet auf mich – hier werfe ich sie denn; du hast gesagt: Klopfet an, so wird euch aufgetan – hier klopfe ich denn; du hast gesagt: Alles, was ihr bitten werdet in meinem Namen, das soll euch werden – hier bitte ich denn; du hast es alles gesagt, und nun komme ich auf dein Wort hin" – nur wenn wir so vor ihn treten, wird uns seine Gemeinschaft geschenkt und bekommen wir seinen Frieden zu spüren.

[VI,35-37]

Herzpunkt der Welt

Wir sollen nicht „zum Fenster hinausblicken" in das böse Babylon und sagen: Ja, wenn unser Volk nur zurückfinden wollte ...! Wir haben keine Ursache, ihm mit pharisäischer Geste zuzuwinken!

Das, was „draußen" passiert, ist nichts anderes als die makrokosmische Spiegelung dessen, was in deinem und meinem Herzen an Hass, Neid, Lüge, Mordgier und Ehebruch ist. Darum lässt sich Gottes Heilsgedanke mit der Welt im Grunde auf eine ganz einfache Formel bringen: Durch das menschliche Herz ist die Schöpfung verdorben worden, darum muss auch in diesem Herzen jede Erneuerung und jede Kur beginnen. Dies und nichts anderes ist auch der ganz einfache Grund dafür, dass das Evangelium den so oft bemängelten Fehler zu haben scheint, kein Rezept für eine neue Weltordnung zu besitzen, ein Rezept zum Beispiel mit gültigen Gesetzen darüber, wie eine politische Ordnung oder der Aufbau des Rechtslebens oder die Gestaltung der sozialen Struktur in Angriff zu nehmen sei. Alle Parteien, Gruppen, Vereine und Regierungen, die von hier aus die Welt zu kurieren versuchen und uns in schnellstem Wechsel Programme, Konferenzen, Ausschüsse usw. servieren, müssen scheitern, weil sie nicht vom Licht der Ewigkeit aus denken und darum an der falschen Stelle mit ihren Reformen beginnen, weil sie das Pferd paradoxerweise vom Schwanze her aufzäumen.

Ich sage: Das Evangelium enthält in der Tat kein Rezept für eine gültige Weltordnung, sondern es ist eine Arznei für unser Herz. Hier nämlich, am Ausgangspunkt aller Weltleiden, am Ausgangspunkt auch jenes entsetzlichen Weltenbruches, der heute den Boden unter uns allen wanken lässt, setzt Jesus mit der Heilung ein. Die schmerzhaften Eitergeschwüre, die heute am Körper der ganzen Menschheit aufbrechen, können nicht dadurch kuriert werden, dass man von außen an ihnen herumdoktert und schneidet, sondern nur so, dass von innen heraus das Blut und die Säfte gereinigt werden und dass die belebende und alles regulierende Mitte des Körpers, dass das Herz erneuert wird. Auf diesen Herzpunkt der Welt lenkt Jesus unsern Blick, wenn er uns bitten lässt: „Vergib uns unsere Schuld." Er meint damit das heimlichste Verhängnis der ganzen Welt, er meint damit das Lawinengesetz der korsischen Blutrache und ihrer Verwandten, er meint damit die Friedlosigkeit und Unversöhnlichkeit in zahllosen Häusern und Familien, er meint damit auch den Knäuel der ineinander verbissenen und sich zerfleischenden Völker.

Dies alles meint Jesus in diesem einen Gebet, das wahrhaftig die Welt umspannt. Aber er meint dieses Weltumspannende so, dass er damit dein und mein Herz meint und dass er das Weltenheil und das Weltgericht an die ganz persönliche Geschichte bindet, die du und ich mit ihm eingehen sollen. Mit der Bitte „Vergib uns unsere Schuld" sagt er uns, dass „ich" und dass „mein Herz" der Ort sein sollen, wo das Neue, das ganz Neue, wo das „Weltenheil" beginnen soll.

[VI,112-114]

Positiv beten

Wenn Gott verbietet, mit dem Baum (im Garten Eden) Kontakt aufzunehmen, dann heißt das offenbar so viel wie: Sorgt dafür, dass ihr ihm nicht einmal zu nahe kommt! Haltet euch in gebührender Distanz von ihm! Ohne Bild ausgedrückt, heißt das: Begebt euch gar nicht erst in die versuchliche Situation!

Auch das Vaterunser ruft uns bezeichnenderweise die Bitte zu: Führe uns nicht in Versuchung; lass uns gar nicht erst in die kritische Situation kommen! Die Bitte lautet eben nicht: Führe uns aus der Versuchung heraus – wenn wir einmal drin sind! –, sondern sie lautet: Führe uns nicht in die Versuchung hinein!

Darum kommt so viel darauf an, dass wir nicht erst in der Versuchung zu beten beginnen, also erst, wenn der Aufruhr schon in uns tobt. Es ist uns auch nirgendwo verheißen, dass wir dann überhaupt beten können. Darum kommt alles darauf an, dass unser Gebet schon in der Stunde der Nüchternheit einsetzt: am Tagesbeginn also, wo wir noch nicht gefangen sind, weder in der Umstrickung durch unser Blut noch in der Hast der täglichen Abwicklungen, sondern wo der Tag noch vor uns liegt und die Wünsche und Begierden noch nicht die Väter unserer Gedanken sind.

Alles, was mit Gott zu tun hat, lässt sich nämlich nicht in Türspalten klemmen und nebenbei und nach Laune absolvieren. Wir müssen schon für Gott in planvoller Weise einige Minuten am Tage aussparen, in denen er dann alles für uns ist. Wer die Zeitung liest und nebenbei noch einen Radiogottesdienst hört oder wem Gott gut genug ist, auf ein x-beliebiges Stoßgebet in irgendeiner verfahrenen Situation reduziert zu werden, der hat nichts gehört und hat auch nichts gesprochen und darf sich deshalb nicht wundern, wenn er der Verzauberung durch den gefährlichen Baum vollends verfällt.

Wir fühlen uns im Allgemeinen ja gerade dann zum Beten ermuntert, wenn uns irgendeine Sorge quält: Die Mütter quälen sich ab mit Sorgen um ihre Kinder, der Geschäftsmann mit dem möglichen Abflauen der Konjunktur, der Politiker mit der nächsten Wahl, der Student mit seinem Examen. So trägt jeder von uns sein Sorgenpäckchen oder auch sein Sorgenpaket. Wenn Jesus Christus uns zuruft: „Sorget nicht", dann weiß er sehr genau, an welchen dunklen Punkt in unserem Leben er dabei rührt. Denn jede Sorge ist ein Misstrauensvotum gegenüber Gott. Jede Sorge will uns mit schlangenhafter List daran hindern, getrost zu sagen: „Der Wolken, Luft und Winden gibt Wege, Lauf und Bahn, der wird auch Wege finden, da dein Fuß gehen kann."

Nun meine ich: Dieser Baum der Sorge darf auch in unseren Gebeten nur in gemessenem Abstand gemustert werden. Wir dürfen ihn nicht berühren und an ihm herummanipulieren. Ich habe an mir selbst und auch an anderen immer wieder die gleiche Beobachtung gemacht: Wenn wir zu dicht an den Baum der Sorge herankommen, wird sie übergroß und beherrscht auch unsere Gebete. Selbst unser Beten wird dann nur noch ein Mittel, um uns in die Sorge zu verbohren.

Wir können damit ein sehr wichtiges Ergebnis feststellen:

Genauso wie sich der Versucher in die frommen und erbaulichen Gedanken der Eva einschleicht, so schickt er seine Partisanen – und zwar in Gestalt unserer Sorgen – auch in die Intimität unseres Gebetslebens. Beten allein besagt noch gar nichts. Man kann es ganz falsch machen.

Wie wir beten sollen, das lehrt uns Dürers Bild von Ritter, Tod und Teufel. Am Weg dieses ritterlichen Reiters lauern Gespenster und grässliche Unwesen. Der Ritter aber übersieht sie alle. Er kann überhaupt keinen Blick für sie haben, weil dieser Blick an der heimatlichen Burg in der Ferne haftet. Auf diese Burg reitet er zu. Gerade dadurch, dass er sein Ziel im Auge hat, bleibt er dem Zugriff der Gespenster und ihrer Anfechtungen entzogen, braucht sich also gar nicht damit abzugeben.

Gott ist immer positiv. Es gibt nichts, was wir nicht dankbar aus seiner Hand entgegennehmen dürfen. Solange wir es aus Gottes Hand nehmen, kann uns nichts passieren.

[XI,130-133]

Den Frieden im Rücken

Wer betet (nicht: wer nur arbeitet, sondern: wer betet), der bleibt wach, der verwechselt im Traum nicht das Große und das Kleine miteinander, sondern der behält einen hellwachen und realistischen Sinn für die wirklichen Proportionen des Lebens: „Ewigkeit, in die Zeit leuchte hell herein, dass uns werde klein das Kleine und das Große groß erscheine."

Wer betet, weiß, dass es nur auf eines ankommt: mit Gott ins Reine zu kommen. Wer betet, verliert auch die Lebensangst, weil er weiß, dass die Geschichte – allen Zwischenfällen und Tücken zum Trotz – dennoch programmgemäß am Jüngsten Tag enden wird und dass uns nichts geschehen kann, als was er „ersehen" hat und was uns „selig" ist. Wenn uns aber die Angst genommen wird, dann haben wir auch keine Angstträume mehr, sondern dann werden wir wach. Ein Mensch, der mit Gott im Reinen ist, hat den Frieden im Rücken und kann im Leben darum schlicht und realistisch sein. Denn Angstträume und Sorgen sind keine guten Ratgeber. Ein Mensch, der Angst hat, taxiert alles falsch ein. Er zittert vor einem Strohhalm, weil er ihn für einen stürzenden Balken hält, und er wird von einem Balken erschlagen, weil er in ihm einen Strohhalm sah. Wer betet, wird aus dem Angsttraum in die Wirklichkeit zurückgerufen, denn er hat die Ewigkeit und den Jüngsten Tag zum Maß.

Wer betet, den erlöst Gott auch von manchen Managerkrankheiten. Denn er nimmt ihm die Sorge und den Umtrieb für den anderen Tag und schenkt ihm stattdessen die Gelassenheit und den Frieden eines Menschen, der dem Jüngsten Tage entgegensieht – jenem Tage, an dem Gott seine Triumphe feiert und an dem alles relativiert ist, was sich im Augenblick für uns kurzsichtige Leute zu einer so unförmigen Scheinwichtigkeit aufbläht.

[III,270]

Ein zwiespältiges Herz

Es gibt in jener Masse, die Jesus nachfolgt, sicher auch Menschen, die fahren sozusagen zweigleisig. Sonntags hören sie sich gern einen Gottesdienst an. Sie sind sogar momentan davon ergriffen. Aber sowie sie montags wieder in ihre Werkstatt, an ihre Maschine und in ihr Büro kommen, ist es gerade, wie wenn sie einen Schalthebel herumgelegt hätten. Da sehen sie im anderen nur den Kollegen oder Konkurrenten, aber nicht den Nächsten, in dem ihnen Christus begegnet. Da streben sie nach Leistung und Erfolg und denken mit keiner Silbe daran, ob Gott ihre Arbeit auch segnet. Da jagen sie nach aller Hetze und Arbeit der Zerstreuung nach, ohne zu denken, dass man sich erholt, indem man sich sammelt und einmal der Frage standhält: Wo stehe ich, und wohin treibt es mit mir?

Jesus sieht alle diese Menschen um sich versammelt. Du und ich, wir sind auch darunter. Und er sieht, dass diese Menschen unglücklich und friedlos sind. Warum eigentlich? Nun, einfach deshalb, weil sie ein zwiespältiges Herz haben. Sie wollen ein bisschen Gott. Und dieses bisschen Gott reicht gerade aus, damit ihr Gewissen unruhig wird und ihnen die Unbekümmertheit nimmt. Sie wollen ein bisschen Ewigkeit, aber ja nicht so viel, dass sie dadurch ernsthaft gestört werden, dass sie eine radikale Kehrtwendung machen müssten. Und gerade durch dieses bisschen Ewigkeit verlieren sie ihr Gleichgewicht. Wer zwischen Gott und Welt hin- und herschwankt, wer auf beiden Schultern Wasser tragen will, wer teils fromm und teils Weltmensch sein will, ist unter Garantie immer unglücklich. Er kann einerseits nicht mehr von ganzem Herzen hassen, lieben, vergnügt sein oder schuften, denn in ihm brennt die quälende Frage: Wo stehst du, und wie steht das alles, was du so treibst, unter den Augen Gottes da, was hat es letzten Endes für einen Sinn? Andererseits kann er aber auch nicht von ganzem Herzen beten und kann nie die Seligkeit dessen erleben, dass er in die Zwiesprache mit Gott versunken ist und den Frieden der Ewigkeit schmeckt, weil er viel zu sehr an all dem anderen hängt, weil er beim Beten schon an die Arbeit denkt, die er gleich verrichten muss, oder an die Sorgen, die ihm sein Geschäft macht, oder an das Rendezvous am Abend. Ein bisschen Gott und ein bisschen Ewigkeit sind immer gefährlich; es beginnt dann etwas in unserem Innern zu bohren und zu brennen und uns unruhig zu machen.

Wenn man so ein „Halb"-Christ ist, denkt man oft mit Neid an die ungebrochenen Weltmenschen. Die haben keine Hemmungen, einen unliebsamen Konkurrenten aus dem Wege zu schaffen. Die geben sich nicht mit solchen Sentimentalitäten ab, durch das Schicksal unserer Brüder im Osten belastet zu sein und auf Mittel und Wege zu sinnen, dem einen oder anderen zu helfen und ihnen Geld und Zeit zur Verfügung zu stellen. Und auch über ein bisschen Steuerhinterziehung oder über einen kleinen Ehebruch kommen sie ohne allzu deutliche Schrammen und Beulen in ihrem Gewissen hinweg. Unsereins – das heißt: wir Halbchristen – hat bei so etwas Hemmungen, Skrupel und Unannehmlichkeiten mit seinem Gewissen. Wir können keine saftigen und vollblütigen Sünder mehr sein wie jene, aber wir sind auch keine Heiligen, die dafür wenigstens die höheren Freuden des Gottesfriedens eingetauscht haben. Wir haben keins von beidem richtig; das ist unser Jammer. Darum fühlen wir Halbchristen uns auch so unbehaglich. Wir fahren immer nur mit halbem Dampf.

Wer nur ein bisschen Gott will, erlebt Gott immer nur als Bremse, als Hindernis, als Schmerz. Aber wer ihn ganz will, der erfährt, dass er Motor ist und dass man Freiheit und Schwung bei ihm bekommt, dass seine Nachfolge die fröhlichste Sache der Welt ist, weil er einen von all dem frei macht, was den Halbherzigen lockt und quält und in beidem hin- und herzerrt.

[III,203f]

Eindeutigkeit

Der Geist Gottes greift in unsere Zukunft ein.

Angst und Sorge, die vorher unser Verhältnis zur Zukunft bestimmten, werden vertrieben. Auch die Irrlichter falscher Hoffnungen, denen wir vertrauensselig folgten und auf die wir uns verließen, werden gelöscht: „Euer Herz erschrecke nicht!" Wir haben ja nun einen Tröster und einen Beistand. Was uns die Angst nimmt, ist der Friede, der uns verheißen wird. Friede aber bedeutet die Abwesenheit von Schrecken, Angst, Sorge und Verzweiflung.

Merkwürdig, dass hier ausgerechnet das Wort Friede als Gegensatz zur Angst gewählt wird und nicht, was wir vielleicht erwarten mochten, Mut oder auch Tapferkeit. Friede ist eine andere Bezeichnung für das, was ich Einklang mit Gott nannte.

Um diese Bedeutung des Wortes „Friede" zu ermessen und es als Gegenpol zu den Mächten des Schreckens zu verstehen, ist es sicher hilfreich, an ein mittelalterliches Beispiel zu erinnern. Man kannte damals eine spezifische Mönchskrankheit, der man die (weniger medizinische als geistliche) Fachbezeichnung „akedía" gab. Damit hatte es folgende Bewandtnis: Gerade bei Mönchen beobachtete man immer wieder Zustände der Angst, der Schwermut und der Melancholie. Die Diagnose dessen ergab, dass Mönche, die davon befallen waren, unter der „Geteiltheit des Herzens" (= akedía; wörtlich: Vernachlässigung) litten.

Obwohl sie ihr mönchisches Leben „ganz" dem Herrn geweiht hatten, waren sie dennoch nicht ganz dabei. Ihre Gedanken und Affekte umkreisten vieles andere, was ihrem geistlichen Dienst zuwider war. Sie gehörten also diesem Dienst nicht ungeteilt. Das erzeugte dann Schwermut und Trauer über das viele, was ihnen entging und dem sie doch nachhingen. Was hier beobachtet wurde, wiederholt sich in vielen Spielarten auch bei Nicht-Mönchen: Weil wir uns dem Herrn nicht ganz anheimgeben – anders ausgedrückt: weil wir ihn nicht genug lieben –, sondern daneben an das fixiert sind, was wir auch noch festhalten und nicht loslassen wollen, darum sind wir zwiespältig. Das ist dann angsterregende Friedlosigkeit, die sogar zu Neurosen führen kann. Deshalb haben es die Halbchristen und Lauen auch schwerer als offene Atheisten, Nihilisten und andere betrübte Rotten, die wenigstens in ihrer Weise eindeutig sind und unter keinem (wenigstens nicht unter diesem) Zwiespalt leiden. Sie werden darum nicht selten von angefochtenen Christen sogar beneidet: Ihr habt es gut, ihr kennt unsere Konflikte nicht!

Und ebendiese Angst und diese Schwermut will uns der Geist Gottes nehmen, weil er uns nun nach der anderen Seite eindeutig macht. Wo wir ihn bei uns einkehren lassen, nimmt er uns das, was man im Siegerland mit dem wunderbar präzisen Wort „Vielwilligkeit" bezeichnet und womit man die Gespaltenheit unseres Willens meint. (Meine Mutter sagte mir manchmal, wenn ich als kleiner Junge ungezogen war und mich zwischen vielen „ich möchte dies, ich möchte das" hin- und hergerissen fühlte: „Sei doch nicht so vielwillig!")

Wer den Geist der Liebe erhält, überwindet aber den Zwiespalt zwischen Wollen und Sollen. Und ebenda ist der hier gemeinte Zustand des „Friedens".

Wenn ich fortan sage: „Deine Wille geschehe", dann kann das nicht mehr so gemeint sein, dass ich zwar dieses und jenes will, dass ich mich aber wohl oder übel dem höheren Willen Gottes füge, weil man ja doch nicht gegen ihn aufkäme. Die Bitte: „Dein Wille geschehe!" hat mit dieser erzwungenen Ergebung, mit dieser Kapitulation vor der Übermacht des Geschicks schlechterdings nichts zu tun. Denn der Wille, dem ich mich hier übergebe, ist ja nicht eine personalisierende Umschreibung des Schicksals, sondern er ist doch der Wille dessen, den ich liebe, zu dem es mich drängt und dem ich mich anvertrauen möchte. Ich bin ja mit ihm in Frieden und kann mich getrost in seine Hand geben.

[XII,131f]

Segnende Berührung

Neuer Geist und letzte Heimkehr

Neuer Geist

Wir sprechen bei dem, was wir kirchliche Lehre nennen, gerne (oder ungerne!) von „Dogmen" und empfinden sie nicht selten als Zwangsglaubenssätze, als Oktroi und insofern als etwas, das man eben glauben „muss". Genauso empfand man auch im alten Israel das Gesetz immer wieder als Zwang, aus dem man auszubrechen versuchte. Die Geschichte Israels ist weithin eine Geschichte solcher Ausbrüche. Inmitten dieses Freund-Feind-Verhältnisses zu den Satzungen Gottes kommt es nun bei Jeremia zu einer der großen Geistverheißungen, die auf das revolutionierende Geschehen von Pfingsten hinweisen: „Ich will", spricht der Herr, „mein Gesetz in ihr Herz geben und in ihren Sinn schreiben ... Und es wird keiner den anderen noch ein Bruder den anderen lehren und sagen: ‚Erkenne den Herrn!', sondern sie sollen mich alle erkennen, beide, klein und groß" (Jeremia 31,33).

Was hier verheißen wird, ist doch dies: Der Geist Gottes verwandelt das „Du sollst!" der steinernen Gesetzestafeln. Er schreibt das bisher auf den Tafeln Verzeichnete nunmehr in unser Herz, sodass wir ihm nicht mehr als Opposition gegenüberstehen, sondern ihm spontan – wortwörtlich aus dem Herzen heraus! – zugetan sind. Der Geist Gottes sorgt dafür, dass das, was Gott will, auf einmal zu unserem eigenen Willen wird.

Das bedeutet zweierlei: Es besagt erstens, dass uns

Gott ganz nahekommt, so nahe, dass er nunmehr in uns ist. Sein Geist dringt in uns ein. So kann es sogar zu der Feststellung kommen, dass Menschen „voll" des Heiligen Geistes, dass sie von ihm „erfüllt" seien. Zweitens ist damit ausgedrückt, dass es überall da, wo der Geist Gottes uns anrührt, keinen Widerspruch mehr gibt zwischen dem, was Gott will und was ich will. In dem Maße, wie wir uns dem Geist öffnen, werden wir Gott „konform", wie Luther es ausdrücken kann.

Ich sagte, der Geist Gottes mache uns sein Wort vertraut, er schließe es auf und bringe es uns nahe. Er tut also das, was wir in unserer Verkündigung mit schwachen und unzulänglichen Mitteln ebenfalls versuchen, wenn wir „den Leuten aufs Maul schauen" und so unsere Botschaft verständlich darzubieten suchen. Wenn das nun wirklich einmal geschieht und wenn uns dieses Nahebringen mit dem Beistand des Heiligen Geistes gelingt: Was passiert dann? Nicken die Leute nun beifällig mit dem Kopf, sagen sie: „Prima" oder auch: „Kapiert, vielen Dank!"? Haben wir sie dann sozusagen in die Tasche gesteckt?

Nein, es passiert etwas völlig anderes. Wenn wir an Ostern nur in der konventionellen Kirchensprache sagen: „Christus ist auferstanden", dann nicken sie, wenn auch etwas schläfrig, mit dem Kopf. Es ist ja das Vertraute, das allzu Vertraute. Deshalb sind sie ja schließlich am Ostermorgen gekommen, um sich das längst Gewusste noch einmal bestätigen zu lassen. Wenn ihnen diese Botschaft aber so nahekommt, dass ihnen plötzlich aufgeht, was das heißt, wenn also das Aha-Erlebnis über sie kommt und sie merken, dass sie damit aus allem Gewohnten herausgerufen werden und ihr Leben ändern müssen, dann beginnen die Puppen zu tanzen, dann geht es ihnen „durchs Herz". Dann kommt es auch sofort zu Scheidungen: Die einen nehmen das dankbar als erlösendes und befreiendes Wort an; sie werfen die Ketten des alten Lebens weg und atmen die Luft einer nie gekannten Freiheit. Die anderen aber wehren protestierend ab. Sie wollen gar nicht, dass ihnen etwas unter die Haut geht und ins Herz dringt. Sie wollen selber die Herrn ihres Herzens bleiben und betrachten Gott als unerwünschte Besatzungsmacht auf ihrem ureigensten Territorium.

Es ist eben so: Wo der Geist Gottes uns die Botschaft des Lebens enthüllt, da wird diese Botschaft stets zu beidem: zur Gnadenzusage oder zur Gerichtsbotschaft, zum Evangelium oder zum Gesetz.

[XII,111-113]

Offenbarung

Paulus hat über das Problem, warum wir Gott nicht erkennen können, eine tiefsinnige Betrachtung angestellt (1. Korinther 2,11). Er sagt dabei dem Sinne nach: Gleiches kann immer nur durch Gleiches erkannt werden. Wir aber sind Gott ungleich. Darum erkennen wir ihn nicht.

Dass eine gewisse Gleichheit oder Ähnlichkeit die Vorbedingung dafür ist, dass man etwas versteht, kann einem klar werden, wenn man mit seinem Hunde spricht. Obwohl ich meinen Hund liebe und wir befreundet sind, bleibt eine Mauer des Unverstehens zwischen uns. Wenn ich über meine Predigt nachgrüble und nicht weiterweiß und ihn frage: „Was soll ich nur machen?", dann wedelt er ob dieser Anrede vergnügt mit dem Schwanz, um mir zu sagen, dass er mich gern hat. Aber das wollte ich in diesem Augenblick gar nicht wissen, sondern ich möchte von ihm einen guten Rat. Den kann er mir aber nicht geben; er hat keine Ahnung von meiner Gedankennot. Er versteht mich nicht. Aber der Hund denkt vielleicht auch seinerseits: Mein Herrchen versteht rein gar nichts von den wunderbaren Düften, die den Füßen seiner Besucher entströmen und die mich in solches Verzücken versetzen. Er ist doch ein armes nasenloses Wesen, dem das Beste in meinem schönen Hundeleben entgeht.

So verstehen wir uns im Entscheidenden eben doch

nicht. Denn nur der Geist des Menschen weiß, sagt Paulus, was im Menschen ist; der Geist des Hundes weiß es nicht. Er ist zu „ungleich".

Sobald man nun diese im Grunde sehr banale Feststellung auf Gott bezieht, wird sie sehr aufregend. Denn dann muss man konsequenterweise sagen: Nur Gott weiß (und er allein!), was in Gott ist; denn nur er selbst ist sich gleich. Ich als Mensch weiß nicht, was in Gott ist, und zwar keinesfalls nur deshalb nicht, weil ein endlicher Geist keinen unendlichen begreift und darum hilflos und unverstehend vor seinen höheren Gedanken und ihren Rätseln steht. Sondern vor allem deshalb begreife ich ihn nicht, weil wir Menschen uns von Gott gelöst haben und unsere eigenen Wege gehen. Gott wäre ja die große Störung. Er wäre eine Revolution in unserem Leben, wenn wir ihn ernst nähmen. Und dies wollen wir nicht. Wir sind ja auf der Jagd nach unseren Wünschen. Wir haben unsere eigenen Lebensprogramme, und wir wollen nicht, dass uns hier jemand zur Ordnung ruft und uns dahin führt, wohin wir nicht wollen. Wir verstehen die Gedanken Gottes nicht; darum wollen wir sie auch nicht. Diesen Satz kann man auch umkehren und sagen: Wir wollen Gott nicht, darum können wir ihn nicht verstehen.

Das ist der Grund für die These des Paulus, dass nur Gott weiß, was in Gott ist. Man könnte also wirklich zu der etwas verwunderlichen Feststellung kommen: Die einzige Erkenntnis Gottes ist seine Selbsterkenntnis. Nur sein eigener Geist weiß um die Tiefen der

Gottheit. Wo wir Menschen von ihm reden, geht es meist um unsere Wunschbilder, die wir an den Himmel projizieren.

„Offenbarung" heißt gar nichts anderes, als dass Gottes eigener Geist uns geschenkt wird und dass wir so an der Selbsterkenntnis Gottes beteiligt werden.

[II,279f]

Experiment des Glaubens

Die Frage, ob ich einem Menschen vertrauen kann oder nicht, ist nur so zu beantworten, dass ich ihn auf den verschiedensten Ebenen des Lebens erprobe. Dazu muss ich feststellen, und zwar als Erstes, ob mich das überzeugt, was er spricht, hier also: was Jesus spricht. Ich muss mir zum Beispiel anhören und in meinem Herzen bewegen, was er in der Bergpredigt sagt.

Ferner kommt viel darauf an, sich klarzumachen, was das für eine Art von Worten ist, die er spricht. Niemals „doziert" er ja einfach, niemals zimmert er wie die Philosophen an einem System. Immer aber hat er ein vollziehendes Wort, das ein Leben umkrempeln kann und das selbst dem Tod Paroli bietet. So hält er dem Gichtbrüchigen keinen „Vortrag" über den Zusammenhang von Schuld, Strafe und Vergebung, sondern er zerreißt seinen Schuldschein, nimmt ihm seine Lasten ab und eröffnet ihm ein neues, befreites Leben (Markus 2,1-12; vgl. Kolosser 2,14). Sein Wort vollbringt das Wunder der Vergebung und der Heilung.

So sind Wort und Wunder bei ihm letztlich das Gleiche:

Wort ist Wunder von innen gesehen; Wunder ist Wort von außen gesehen.

Man mag dabei an die Sterbestrophe in Paul Gerhardts Passionslied denken „Wenn ich einmal soll scheiden, so scheide nicht von mir": Dass er bei meinem Sterben nicht von mir scheidet, bedeutet ja mehr, als dass er mir nur Trostworte zuruft oder etwas Weisheitsvolles über die Endlichkeit des Menschen und sein „Sein zum Tode" sagt. Es heißt doch vielmehr, dass er das Sterben tatkräftig verändert: Er lässt mich nicht ins Nichts fallen, sondern er ist bei mir. Um aber Vertrauen zu gewinnen, muss noch mehr geschehen: Ich muss feststellen, ob er selber zu seinem Wort steht und ob sein Leben mit seinen Worten kongruent ist. Wir sehen vielleicht zu, wie er am Kreuz hängt, und fragen uns, ob er da wirklich und für seine Person Ernst macht mit dem, was er über die Feindesliebe gesagt hat. Erst wenn wir hier vernehmen, wie er inmitten seiner Qual für die Henkersknechte betet, gewinnt sein Gebot, selbst die Feinde zu lieben, eine Leuchtkraft, für die unsere Augen beim ersten Lesen des Gebotes noch blind und unempfänglich waren.

Oder wir versuchen einmal, einen Menschen, mit dem wir Schwierigkeiten haben, zu lieben – einfach, weil dieser Mensch ihm wichtig ist und weil wir also in seinem Sinne handeln, wenn wir uns ihm zuwenden. Was mag daraus werden? Ob wir Hohn und Spott ernten oder ob wir das Wunder einer neuen Gemeinschaft, das Aufblühen eines Menschen erleben? Und selbst wenn es menschlich schiefgehen sollte: ob wir ihm dabei nicht näherkommen und die Freude erleben, ihm bei seinem Kreuztragen verbunden zu sein? Wir müssen es ausprobieren. Niemand aber kann über alles dies und vor allem über ihn selber urteilen, der sich nicht auf diese Nachfolge eingelassen hat, auf Probe eingelassen hat.

Vertrauen gibt es nur in der Erprobung. Nur wer ein solches Experiment wagt, kann erfahren, wer er ist. Vertrauen ist ja immer ein Wagnis. Und Jesus selbst spricht, wie wir sahen, von der Möglichkeit des Ärgernisses und des Irrewerdens an ihm. Darum enthält die Empfehlung des Erprobens keine Garantie dafür, dass wir den Glauben gewinnen. Das Erproben kann nie die Bedeutung einer Methode, womöglich einer „todsicheren" Methode haben. Wir können hier nur etwas wagen. Aber wir wagen es im Schatten der Zusage, dass Gott den nicht verstoßen werde, der ihn mit ganzem Herzen sucht (vgl. Jeremia 29,13).

Wer ihn aber so gefunden und dabei erfahren hat, dass er wirklich der ist, der da kommen soll, und dass wir auf keinen anderen zu warten brauchen, der wird nur bekennen können: Nicht das Suchen meines Herzens war es, das hier zum Erfolg geführt hat; auch nicht meine Hartnäckigkeit hat mir den Frieden gebracht. Nein: Er hat mir dies alles geschenkt, er kam mir entgegen. Ich hätte ihn gar nicht gesucht, wenn er mich nicht vorher schon gefunden hätte – und es ist alles wahr, was er mir versprochen hat, so abenteuerlich es für mich Glaubensanfänger auch klang.

[XII,199-201]

Erfüllung

Wenn der Herr wiederkommt und wenn alle Sintfluten und Sintbrände schließlich an seinem Thron enden, wenn die Geretteten des Jüngsten Tages nicht in ein Weltengrab zurückschauen müssen, in dem auch – wie in der berühmten Vision Jean Pauls – ihre Gottesvorstellungen und ihre Träume von einem himmlischen Vater versunken sind, wenn sie vielmehr singen dürfen: „Bis hierher hat uns Gott gebracht" – ich sage: Wenn das alles stimmt, dann ist auch mein jetziger Lebensaugenblick radikal verändert. Dann ist mein Sterben nicht mehr bloß ein Abschiednehmen, sondern ein Heimgehen. Dann sind Terror und Krieg, Flugzeugabstürze und Grubenkatastrophen, Ehekrisen und Krankenhausaufenthalte nicht mehr bloß seelenlos gesetzmäßige Abläufe der Materie, sondern dann sind die Heimsuchungen Nach-Hause-Suchungen; dann ist jemand da, von dessen Herzen es kommt und auf dessen Herz es zugelenkt wird.

Nicht, als ob wir Gottes Gedanken dabei verstünden – wie oft bleiben sie uns dunkel und rätselhaft, wie oft erscheinen sie unserm menschlichen Blick der Sphinx des Schicksals zum Verwechseln ähnlich! – aber wir vertrauen dem, der sie denkt. Wir vertrauen ihm, weil wir Jesus Christus kennen.

Niemand hat diese Verwandlung des Augenblicks und seiner Schrecken tiefer zum Ausdruck gebracht als der johanneische Christus selbst (Johannes 16,20f):

„Ihr werdet weinen und heulen ..., ihr werdet traurig sein. Aber eure Traurigkeit soll in Freude verwandelt werden: Wenn eine Frau gebiert, dann ist sie bedrängt; denn ihre schwere Stunde ist gekommen. Sobald aber das Kind zur Welt gebracht ist, ist die Angst über der Freude vergessen, denn ein Mensch wurde der Welt gegeben!"

So also sehen wir das Leben nun an, wenn der Menschensohn wiederkommen und der Welt aufs Neue – und dann öffentlich und in Herrlichkeit – gegeben wird: Dann werden unsere Schmerzen zu Geburtswehen. Und die sind eben anders als Zahn- und Bandscheibenschmerzen, bei denen ich mich ärgerlich oder verzweifelt frage, warum mich das denn ausgerechnet erwischen musste. Die Geburtswehen lassen es freilich zu der „schweren Stunde" kommen, aber sie sind von Vorfreude und Erwartung erfüllt auf den großen Augenblick, der bevorsteht. Das legt dann über die schwere Stunde selbst schon den Schimmer des Advents. An den Knotenpunkten der Heilsgeschichte stehen deshalb immer mütterliche Bilder: die Jungfrau Maria im Stall zu Bethlehem bei der ersten Ankunft des Herrn und das Bild der werdenden, von Wehen geschüttelten Mutter als Gleichnis der Menschen des Glaubens, für die alle Schmerzen, alle Bedrängnisse geheimnisvoll verändert und geheiligt sind dadurch, dass sie auf eine große Erfüllung drängen: Der Herr ist im Kommen; der Zeiger rückt ein Stück näher auf Zwölf.

[X,131-133]

Der Herr ist nahe

Im Alten Testament hat Gott seinen Namen kundgetan: Jahwe, das heißt „Ich bin, der ich sein werde; ich werde sein, der ich bin". Das ist der äußerste Appell an den Glauben, den wir – die Tiefe dieser Bezeichnung auslotend – zu denken vermögen. Denn Gott gibt darin nicht so etwas wie ein Programm der Weltgeschichte kund, er enthüllt darin nicht eine kosmische Strategie, sondern er gibt zu verstehen, dass wir wie ein Kind ins Dunkle laufen, dass es durch Schluchten und Abgründe, durch Abenteuer und endlose Ketten von Unvorhergesehenem geht. Zugleich aber gilt uns die Zusage, dass er in all dem Ungewissen der Gewisse bleiben will und dass wir auch dann, wenn wir nichts mehr haben, wissen dürfen, was wir an ihm haben. Denn er wird „derselbe" bleiben. Wenn unsere Liebe erkaltet, wird er weiter in Liebe zu uns entbrennen. Wenn wir an ihm irrewerden, hält er uns fest. „Er ist, der er sein wird." Darum wissen wir, dass er einmal auch alles in allem sein wird und dass das, was wir jetzt nur im Spiegel sehen und wonach unser Glaube wie durch eine Nebelwand greifen muss, einmal in Unmittelbarkeit vor uns stehen wird – dass also Jesus Christus wiederkommt. Es ist noch nicht erschienen, was wir sein werden. Aber dann wird es erscheinen. So ist in unserm Glauben ein Drängen und Ziehen nach vorne. Wir stehen vor Türen, die sich noch auftun werden.

Wie albern ist darum die Frage, ob man „noch" Christ sein könne, oder die andere, ob denn das alte Buch den heutigen Menschen „noch" etwas sage. Die Menschen der Bibel sind nie solche zurückblickenden Menschen, sie sind vielmehr an der Zukunft orientiert, an dem, was auf sie „zukommt". Sie haben die Hand an den Pflug gelegt und blicken auf einen Horizont, an dem das Ende der Dämmerung sich ankündigt und die Morgenröte aufschimmert. Das Losungswort ist nicht das reaktionäre, immer nur rückblickende „Noch", sondern das Wörtchen „schon": Schon ist der Teufel vom Himmel gefallen wie ein Blitz, schon ist das Reich mitten unter euch, wo Jesus Christus ist. Deshalb heißt es angesichts von Terror, Verfolgung und Katastrophen auch nicht: Duckt euch, geht in Deckung! Sondern hier wird das schwingentragende Wort gesprochen: „Erhebet eure Häupter darum, dass sich eure Erlösung naht." Je dunkler es wird, umso näher ist der Tag, umso dichter ist Gott mit seinen Überraschungen bei euch. Was dem Gottlosen zu einer Bestätigung des „Todes Gottes" werden muss und die Nacht seines Lebens mit noch größerer Düsternis erfüllt, das wird euch zur Bestätigung, dass der Herr nahe ist und dass er euch von der andern Seite entgegenkommt.

[X,135f]

Warten

Ich warte darauf, dass die Post mir morgen endlich einen Brief bringt, von dem viel für mich abhängt. Ich warte auf das Ergebnis einer ärztlichen Untersuchung. Ich warte darauf, wie es im Nahen und Fernen Osten weitergeht. Ich warte auf das Stelldichein heute Abend. Aber auf den Herrn, dessen Kommen ich mir nicht vorstellen kann? Hat dieses Warten, dieses Beharren bis ans Ende denn in meinem Leben einen realen Ort? Wie vollzieht es sich denn?

Doch – dieses Warten hat einen Ort in meinem Leben. Es vollzieht sich gewiss nicht so, dass ich zum Fenster hinausblicke, ob sich mit dem Zeichen des Menschensohnes etwas tut und der Horizont zu flammen beginnt. Wer auf die Zukunft des Herrn wartet, muss ihn in seiner Gegenwart in Anspruch nehmen. Indem er das aber tut, merkt er, dass diese Gegenwart einen Ausgang nach vorne hat, dass sie über sich hinausweist und auf Erfüllungen drängt, die noch kommen.

Was aber ist diese Gegenwart des Herrn, wo habe ich ihn denn?

Ich habe ihn in meinem Nächsten. Dieser Nächste ist hungrig und fragt uns, ob wir ihm etwas mitgeben (Matthäus 25,35); er ist ein Vertriebener und fragt uns, ob wir ihn aufnehmen; er ist krank und fragt uns, ob wir ihn besuchen; er ist gefangen und fragt, ob wir zu ihm kommen. Und in dem allem ist der Herr selbst da – er, der zugleich dort ist, wo am Ende keine Gefangenen mehr sind und kein Leid und Geschrei und auch der Tod nicht mehr ist, wo die Tränen von allen Augen getrocknet sind. Hier, in unserm Nächsten, haben wir ihn, und indem wir ihn da haben und halten, kann es ein „Beharren bis ans Ende" geben und können wir nie ganz am Boden liegen und hoffnungslos sein.

Ein großer Teil unserer Verzagtheit rührt nicht daher, dass wir nicht fromm genug wären und dass wir zu wenig an ihn dächten und uns nicht genug im Warten übten. Sondern er rührt daher, dass wir uns ständig um uns selber drehen, dass wir uns so wahnsinnig wichtig nehmen. Dann wird nämlich alles verkehrt in unserm Leben: Unsere Sorgen blasen sich zu riesenhaften Schreckgebilden auf; unsere kleinen Eitelkeiten spielen eine ungebührliche Rolle, und wenn sie dann enttäuscht werden, kommt es zu immer neuem Seelenfraß. „Wir spinnen Luftgespinste und kommen weiter von dem Ziel." Der meiste Jammer kommt ja gar nicht daher, dass es objektiv jammervoll um uns bestellt wäre, sondern dass wir uns einen falschen Jammer und ein falsches Glück einbilden, dass wir uns eben um uns selbst drehen. Daher kommen auch die meisten Neurosen.

In seinem schönen Buch „Hinter dem Wald" erzählt Gerhard Nebel von einer Schwester, die ganz in ihrem Dienst aufgeht und vom Glück der Playboys und Playgirls nichts weiß und es auch nicht sucht, die aber in der Kargheit ihres einfachen Lebens randvoll

Glücks ist und es weiterstrahlt auf die, die sie pflegt. Er sagt dann: „Die Selbstaufopferung ist das einzig wirksame Mittel gegen Neurosen und Depressionen." Weder der Spielsaal von Monte Carlo noch das verhätschelte Schoßhündchen noch die Cocktailparty sind das Mittel, sondern eben die Selbstaufopferung. Denn es ist der Herr, dem wir in diesem Nächsten begegnen. Wenn wir ihn hier halten, dann hält er uns. Wenn wir hier im Dienst sind, dann bleiben die Lenden umgürtet, und unsere Lampen brennen. Wer hier seine Gegenwart in Anspruch nimmt, der lernt seinen Reichtum, seine Unerschöpflichkeit kennen, der erwartet immer noch mehr, je länger er glaubt, der wird geradezu unersättlich in seiner Hoffnung. Und je größer die Erfüllungen sind, denen er entgegensieht, umso weniger wichtig nimmt er sich selbst, umso stärker verändert sich das Verhältnis von Groß und Klein, Wichtig und Nichtig – jenes Verhältnis, dessen Verzerrung die Neurosen und Verworrenheiten in meinem Leben hervorbringen konnte.

So überblickt Jesus Christus, der den Seinen diese letzten Dinge enthüllt, den Horizont der Geschichte von ihrem Beginn bis zum Ende. Er sieht den Abend des Tages, den Abend des Lebens, den Abend der Welt. Und er sagt das in dem verzehrenden Wunsch seiner Liebe: „Ach, dass du doch erkenntest zu dieser deiner Zeit, was zu deinem Frieden dient!"

[X,140-142]

Silvesternacht

Dadurch, dass unsere Uhren rund sind, dass der Zeiger auf ihnen kreist und stets wieder an seinen Ausgangspunkt zurückkehrt, entsteht in uns die Illusion, als ob sich im Leben alles wiederholte und als ob wir immer wieder neu anfangen könnten.

In der letzten Nacht des Jahres aber begegnen wir der Zeit anders: Da bewegt sie sich auf einmal nicht mehr im Kreise, sondern geradeaus. Es gibt keine runden Jahresuhren, die nach 365 Tagen wieder neu bei der Ziffer „Zwölf" anfingen. Einen derartigen Jahreszeitmesser müssten wir uns ganz anders vorstellen: als eine gerade Linie nämlich, auf der jedes durchlebte Jahr als ein kleiner Abschnitt zu markieren wäre. Und auf dieser Zeitlinie kriechen wir während unseres Lebens entlang. Wir lassen einen Abschnitt nach dem anderen hinter uns. Der Zeiger kehrt nie wieder dahin zurück. Wir können die Entscheidungen, die wir einmal gefällt haben, nie wieder rückgängig machen.

Wir haben im abgelaufenen Zeitabschnitt vielleicht einen bestimmten Beruf ergriffen, wir haben geheiratet oder uns scheiden lassen, wir haben eine Freundschaft geschlossen oder uns an einem Menschen schuldig gemacht: Das alles ist nun zu unserem Schicksal geworden. Wir würden es vielleicht anders machen, wenn wir noch einmal in dieselbe Situation kämen. Doch „was vergangen, kehrt nicht wieder". Wir müssen nun das „Gepäck unserer Vergangenheit" (Anouilh) weiterschleppen.

Die Zeitlinie, von der ich sprach, gleicht einem langen Korridor mit vielen Türen. Jahr für Jahr öffnen wir eine neue. Aber an der Rückseite hat sie keine Klinke. Wir können nicht mehr zurück und neu beginnen, wie das der Uhrzeiger tut. Und eines Tages – wir wissen nicht, wann und wo – ist der Korridor zu Ende, unwiderruflich. Die Kreislinie unserer Zifferblätter dagegen hört nie auf. Darum wiegen sie uns eben in der Illusion, als ob es immer so weiterginge. Die alten Sanduhren waren da gleichnisstärker.

In der Neujahrsnacht spüren wir, dass es eben nicht immer so weitergeht, sondern dass jeder Augenblick unseres Lebens einmalig ist und nicht wiederkehrt, dass unsere Zeit weiterläuft und auch einmal ausläuft. Wir spüren, dass wir „endlich" sind.

Ich verstehe deshalb die Menschen sehr gut, die in der Nacht der Jahreswende einen Gottesdienst besuchen, die ein Wort der Ewigkeit hören möchten und die es drängt zu beten. Es wäre dumm zu meinen, dass diese Leute Pessimisten seien und Trübsal bliesen, während die Leute mit den Knallfröschen und Sektpfropfen das Leben bejahten. Auch die Menschen, die es zur Besinnung treibt, suchen die Freude, nur suchen sie sie in anderer Richtung oder wenigstens nicht nur bei Knall- und anderen Orgien. Sie wissen, dass unsere Endlichkeit nicht mehr angsterregend ist, wenn wir bei dem Herrn der Zeit geborgen, wenn wir mit ihm in Frieden sind. Was hinter mir liegt und was ich falsch gemacht habe, darf mich nicht mehr von ihm scheiden; das bringt er in Ordnung. Was ich vor mir habe – die neuen dreihundertfünfundsechzig Tage –, nehme ich aus seiner Hand entgegen. Und es darf mich nichts treffen, was nicht seine Zensur passiert hat und mir zum Besten dienen muss.

Auch wenn der letzte Schlagbaum kommt, wird er mich erwarten.

Aus diesem Einklang mit dem Herrn der Zeit kommt eine Freude, die nicht mehr auf Verdrängung beruht. Die Jahreswende sollte für uns eine rote Ampel sein, die uns einen Augenblick anhalten und innehalten und dann die Frage stellen lässt, wohin wir fahren.

[V,173-176]

Der große Sabbat

Ich stelle mir manchmal vor, was mit mir los sein wird, wenn ich nicht mehr arbeiten kann: vielleicht, wenn das Alter kommt und wenn Hand und Auge müde geworden sind; oder auch in einer langen Frist sonstiger erzwungener Ruhe. Niemand von uns weiß ja, was uns noch bevorsteht und welche unerwarteten Seiten im Buch unseres Lebens von höherer Hand aufgeblättert werden.

Werde ich dann aus meiner Arbeit und aus meinem Umtrieb aufwachen wie aus einer Narkose und mich nicht zurechtfinden? Werde ich nichts mit mir anzufangen wissen und dann stöhnen, dass mein Leben keinen Sinn und keinen Inhalt mehr habe? Wie leer ist das Leben für viele alte Menschen, sobald sie zur Ruhe gesetzt sind!

Oder werde ich dann die hohe und heilige Hand erkennen, die alles, was ich werkte und schuf, mit einer erhabenen Bewegung hinwegwischt, und werde ich jetzt die Stimme hören: Wes wird sein, das du bereitet hast?

Dann wird das Geld, das ich vielleicht verdiente, von Motten und Rost zerfressen sein; und der berufliche Erfolg, der mir möglicherweise beschieden war, versinkt im wesenlosen Schein. Dann werden ganz andere Fragen lebendig werden: Gibt es in deinem Leben Schätze, die wertbeständig sind, die dir nicht wie Sand durch die Finger rieseln, sondern die in Ewigkeit bleiben? Hast du geglaubt, gehofft und geliebt? Hast du gelernt, auch wenn dich die größte Einsamkeit umgab, von Gott her etwas zu hören und ihm zu antworten und also in Vorfreude darauf zu leben – Kierkegaard hat das auf seinen Grabstein meißeln lassen –, „ewig, ewiglich mit Jesus zu sprechen"? Wem unter deinen Nächsten hast du geholfen? Wem hast du ein gutes Wort mitgegeben, als er trostlos war? Wem hast du Brunnen in der Wüste gegraben, wem hast du durch deine Liebe geholfen, und wer kann nun in Ewigkeit für dich zeugen?

Es kommt die Stunde, da nur solche Fragen noch etwas gelten, weil wir dann mit Gott sind und weil alles, was mit Arbeit, Leistung und Erfolg zu tun hatte, weit, unendlich weit zurückliegt und schon gar nicht mehr wirklich gilt.

Jetzt verstehen wir vielleicht, dass Gott unsere Arbeit nicht nur heiligt und uns den Segen für unseren Beruf versprochen hat, sondern dass auch ein Gericht über dies alles gelegt ist. Der Tod, die Schmerzen der Geburt und die Zweideutigkeit unseres Lebenswerkes: In alledem ist ein Gericht und eine heimliche Gnade, mit alledem will Gott mich auf das eigentliche Thema meines Lebens stoßen.

Was nützt selbst der spannendste Roman eines Lebens, ja, was hilft es, wenn mein Leben im Sekundären erfolgreich war und wenn die Menschen einmal Wagenladungen von Kränzen auf meinen Sarg häufen, was hilft das alles, wenn eine höhere Hand an den Rand dieses Lebens schreibt: Du hast dich im Thema vergriffen und hast die Pointe verfehlt. Ich habe dir in Gerichten und Verheißungen Signale über Signale zugewinkt. Du aber sahst nicht und hörtest nicht. Du sahst nur deine Scheunen, die du füllen wolltest, und nicht das Vaterhaus, vor dem du eines Tages stehen würdest. Du tatest so, als ob du ewig leben würdest – so, wie Adam das wollte – und als ob es keine Ewigkeit gäbe, an deren Strand deine Fahrt einmal endet.

Jedoch nicht nur unser persönliches Leben, „meine Lebenszeit" also, endet an diesem Strand – auch die Geschichte geht auf ihren letzten Tag zu. Ihre Unruhe und Qual, ihr Ruhm und ihre Schmach, ihr Kriegsgetümmel und ihre Friedenszeiten gehen einmal in den großen Sabbat ein, in dem das Schweigen der Ewigkeit das laute Geschrei, das Geklirr der Waffen und die Sirenen der Katastrophen ablöst und umfängt.

[XI,114-116]

Unser Name

Jesus sagt seinen Jüngern zwar, dass er es gewesen sei, der ihnen die Macht über Schlangen, Skorpione und die Geister der Besessenheit verliehen habe, fügt aber sofort hinzu: „Darüber freut euch nicht!" Das will sagen: Freut euch nicht darüber, dass und wie ihr bewahrt worden seid, sondern freut euch über den letzten Grund eurer Bewahrung, dass nämlich „eure Namen im Himmel angeschrieben sind" (Lukas 10,20).

Was ist mit den Namen der Großen dieser Welt geschehen, die in Stein eingemeißelt sind? Sie sind verwittert. Im besten Fall bleiben sie in der Erinnerung erhalten; aber als vergangene Namen; sie bezeichnen keine leibhaftige Gegenwart mehr. Wo Jesus Christus uns aber bei unserem Namen gerufen hat, da ist dieser Name in der Nähe Gottes deponiert, in einem Raum, zu dem niemand Zutritt hat und in dem niemand diesen Namen verwischen oder ausradieren darf. Hier steht er ein für allemal als ein lebendiger Name, als der Name von jemandem, der in Ewigkeit am Leben seines Herrn teilnimmt (1. Thessalonicher 5,10).

Was wir von uns aus tun und wirken können, ist ein wirres Gemisch aus Gold, Silber, edlen Steinen, Holz und Stroh. Wie viel Fragwürdiges gibt es in unserem Leben! Am Tag des Gerichts wird das Feuer Klarheit schaffen – und was wird da alles wie Zunder verbrennen? (1. Korinther 3,12f). Mag es denn sein – wir selbst aber werden gerettet werden wie durch das

Feuer hindurch (3,15). Unser Name wird bleiben. Dieses Buch ist feuersicher untergebracht.

Selbst unser Glaube ist wankelmütig. Wir können uns nicht auf ihn verlassen. Wir können nicht an unseren Glauben glauben. Eben war er noch stark und himmelhoch jauchzend; heute ist er matt und kleinmütig. Er bringt kaum noch ein Gebet zustande, und allerhand Zweifel nagen an ihm. Ich weiß nicht, ob ich glaube; aber ich weiß, an wen ich glaube.

So mag unser Glaube zwar ohnmächtig und fast tot sein. Wir selbst aber leben im Gedächtnis Gottes. Wir sind ja teuer erkauft. Der Name bleibt geschrieben. Nirgends wird uns gesagt, dass Gott dauernd mit Ausradieren und Neuschreiben beschäftigt wäre. Auch von ihm gilt: Was er geschrieben hat, das hat er geschrieben. Wen er angenommen hat, der bleibt bei ihm. Unser bleibender Wert, dessen Gedächtnis er in seinem Herzen trägt, besteht nicht in unseren Funktionen und Verdiensten, sondern darin, dass wir die „Gesellen" Jesu sind (wie es im Lied Paul Gerhardts heißt).

[XII,243f]

Ewige Gemeinschaft

Unser Leben läuft ab auf einer gerichteten Zeitstrecke, die durch Geburt und Tod begrenzt ist. Gerade deshalb stimmt eben das Bild vom Rhythmus der Jahreszeiten nicht. Denn dieser Rhythmus wiederholt sich ja stets aufs Neue. Er verläuft zyklisch, und die Kreislinie kehrt immer wieder in sich selbst zurück.

Mit unserem Leben aber ist es doch ganz anders. Hier kehrt nichts zurück, was wir einmal durchlebten, und auch wir selbst kehren nicht zurück, wenn der Schlusspunkt einmal erreicht ist. So können wir nicht zurück und können nichts revidieren, was wir getan oder auch versäumt haben. Darum schleppen wir unseren Schuldschein in Händen und müssen mit ihm immer weiter, und neue Zettel gesellen sich dazu. Das ist auch der Grund dafür, warum die „Bewältigung der Vergangenheit" zum Problem wird, und zwar zu einem Problem, das im Grunde unlösbar bleibt.

Hier wird dann plötzlich das Thema Jesus Christus aktuell. Denn Jesus ist nicht nur deshalb der Todüberwinder, weil er uns über die Todesgrenze hinüberhilft und danach ewiges Leben eröffnet, weil er nicht von uns scheiden wird, wenn wir einmal scheiden müssen. Sondern Christus ist der Todüberwinder schon dadurch, dass er die Fessel löst, mit der wir an unsere Vergangenheit gekettet sind. Wenn er zu mir sagt: „Dir sind deine Sünden vergeben", dann ist alles getilgt, was in meinem Leben, was in allem, was ich hinter mir habe, unbewältigt ist. Dann gehört es nicht mehr zu mir. Dann gibt es auf einmal einen Augenblick, in dem ich sagen kann: Nun darf ich meinen Weg noch einmal neu beginnen; denn nun hat sich der zu mir bekannt und mich bei der Hand genommen, über den der Tod keine Macht hat und der „meinen nichtigen Leib verklären wird, dass er ähnlich werde seinem verklärten Leibe". Nun kann ich gelassen und unbeirrt meinen gegenwärtigen Lebensaugenblick auskosten. Ich brauche mich nicht mehr belastet zu fühlen von dem, was ich hinter mir habe: von den falschen Weichen, die ich gestellt habe, von dem, was ich schuldig geblieben und worin ich schuldig geworden bin, von allem, was ich nicht fertiggebracht habe und was unbewältigt geblieben ist. Einer ist da, der es mit seiner gebietenden Hand hinweggewiesen hat und mir nun sagt: Es darf dich nicht mehr von mir trennen; ich habe diese deine Last auf meinen Rücken geladen. Gerade weil ich so unter dir und für dich gelitten habe, darum bist du mir teuer, und darum habe ich dich lieb.

Wie er mir so die Last der Vergangenheit abnimmt, so auch die der Zukunft: Sicher ertappe ich mich auch jetzt noch dabei, dass ich mich sorgend und bangend in diese meine Zukunft verbohre: Ich frage mich, was aus mir und meinen Kindern werden wird, was meinem Volk bevorsteht und ob es nicht innerlich vor die Hunde gehen wird. Es kommen wahrhaftig noch Gespenster genug von der Zukunft her auf mich zugekrochen und greifen nach mir. Das letzte Gespenst ist der Tod selbst. Aber wenn der sich zu mir bekennt, an den der Tod seine Macht verlor, dann weiß ich, dass mich nichts treffen darf, was nicht seine Zensurstelle passiert hat und von ihm für gut befunden wurde. Je mehr Sorgen mich quälen, umso mehr habe ich auch, was ich „auf ihn werfen" kann („Alle eure Sorge werfet auf ihn ..."). Und alles, womit ich so auf ihn ziele, das verbindet mich ihm mehr und mehr und gibt ihm die Möglichkeit, sich immer neu als Sieger zu bewähren und der Herr meines Lebens zu werden.

So verwandelt er alles, was ich seiner Hand anvertraue. Und schließlich verwandelt er sogar den Tod. Ich brauche nicht mehr künstlich jung zu bleiben und Vergangenes krampfhaft festzuhalten. Ich kann jetzt getrost alt werden. Denn nun weiß ich, dass er für jeden Augenblick, nicht nur für das Kind, sondern auch für den Greis, seine Überraschungen und Gaben bereithält. Und wenn Tod und Endlichkeit vorher nur als schmerzliches Abschiednehmen und als Verlust, wenn sie nur als Negativum erschienen, so werden sie jetzt Gewinn und Heimkehr. Denn ich weiß nun, wer mich auf der anderen Seite erwartet und zu ewiger Gemeinschaft mit sich beruft.

[II,174-176]

Weltüberwindung

Von den Wänden dieser vergehenden Welt hallt das Christenlachen wider, weil wir um die Überwindung wissen und darum, dass der Schlange der Kopf zertreten ist. In Johann Francks Lied „Jesu, meine Freude" (1650) wird jenes Lachen hörbar, das das Bersten des Weltgerüstes übertönt. Es erklingt aus dem Windschatten heraus, in dem sich die Singenden geborgen wissen und von dem her sie ihr Lied in den Sturm hinausschmettern. Darum beten sie nicht nur wider den „altbösen Feind", sondern sie können auch über ihn lachen – wie im Ostergelächter, wie beim Anblick der Schlangenhaut, die von dem gefährlichen Reptil allein noch übrig geblieben ist.

Trotz dem alten Drachen,
trotz dem Todesrachen,
trotz der Furcht dazu!
Tobe Welt und springe;
ich steh hier und singe,
in gar sichrer Ruh.
Gottes Macht hält mich in acht,
Erd und Abgrund muss verstummen,
ob sie noch so brummen.

Gegen Ende des Zweiten Weltkrieges hielt ich in einer Dorfkirche nahe bei Stuttgart die Sonntagspredigt. Während ich so schön im Schwung war, erhob sich plötzlich, ohne dass Fliegeralarm gegeben worden wäre, ein schauerliches Heulen von Flugzeugmotoren, dazu Maschinengewehrgeknatter und das Krachen der Flak. Bei Alarm schickte man die Gemeinde schleunigst nach Hause, aber das ging nun nicht mehr. Wir waren schon mitten im Schlamassel. Ich pflegte für Notfälle mit dem Organisten ein Lied zu verabreden, das beim Hinausgehen gesungen werden und die Menschen beruhigen sollte. Zu dieser geistlichen Waffe griff ich auch jetzt und brüllte durch den Höllenlärm hindurch: „Alle legen sich auf den Boden! Wir singen ‚Jesu, meine Freude'", was die braven Leute denn auch genauso machten. (Damals wurde mir übrigens klar, dass der Choral keine fromme Lyrik, sondern ein Kampfgesang in den Wettern und die Rühmung dessen ist, der über den Wettern steht.)

Als ich die Gemeinde, die ich gar nicht mehr sah, so aus der Tiefe der Kirchenbänke heraus singen hörte, während es um uns krachte und wetterte, musste ich lauthals lachen, obwohl die Situation kitzlig war und ich obendrein auf einer Kanzel stand, wo man so etwas nicht zu tun pflegt. Aber der – trotz der beengten Lage der Singenden – immer noch triumphale Choral schaffte wohl eine Entrückung und eine Distanz, die dieses Lachen auf der Kanzel möglich machten. Und ich denke, dass auch hier der liebe Gott das, was ich so gröblich tat, mit einem sehr feinen Lächeln begleitet hat, wie es dem hohen himmlischen Herrn gebührt.

[VII,178-180]

Auferstehung des Fleisches

Als einer meiner liebsten Studenten im Sterben lag, blieb ich in den letzten Nächten bei ihm in seinem Klinikzimmer. Er musste durch schreckliche körperliche Qualen und Atemnot und griff immer wieder verzweifelt nach meiner Hand. Plötzlich bimmelte die Sechsuhrmorgenglocke einer katholischen Kapelle in der Nähe. Da strahlte er auf und sagte: „Hörst du die Osterglocken? Jetzt ruft er mich, siehst du, jetzt stehe ich auf!" Das kümmerliche Glöckchen, das nur einen normalen Erdentag einläutete, wurde ihm in seiner letzten Not zum Signal des Osterfürsten, dem er im Leben vertraut hatte und der ihn nun dem finsteren Tal der Todesangst entriss.

Als der Herr dieses Wunder tat, ihn die Osterglocken hören zu lassen (wo doch nur ein alltägliches Gebimmel war), als er so wieder einmal Wasser in Wein verwandelte und aus kümmerlichen Brotlaiben wunderbare Sättigung wirkte, da wusste der Sterbende, dass er auch seinen qualgeschüttelten und nichtigen Leib verklären und in gewandelter Gestalt ewig bei sich halten würde. Und er war schon hinübergezogen in dieses ganz Andere, träumend und aller Erdennot entronnen, und grüßte mich schon von der andern Seite wie einen, den er in der Todeswelt zurückließ und dem er zuwinkte im Namen des gleichen Herrn, der die Lebendigen und die Toten empfängt. „Leben wir, so leben wir dem Herrn, sterben wir, so sterben wir dem Herrn …"

In dieser Stunde habe ich begriffen, was Auferstehung des Fleisches heißt. Ein Schimmer der Verklärung glitt schon über diese schmerzentstellten Züge. Und es war mit Händen zu greifen, dass nicht „Freund Hein" um das Haus schlich, sondern dass der Auferstandene auf dem Plan war und seinen getreuen Knecht träumend hinübergeleitete.

[II,313]

Wo sind unsere Toten?

Was geschieht mit den Menschen, die wir geliebt haben, wenn sie die Augen schließen? Was wird einmal mit uns geschehen?

Luther hat gelegentlich gesagt, wir sollten unsere Gedanken nicht in den Zonen solcher unlösbaren Fragen herumvagabundieren lassen. Es sei ganz einfach so: Die Toten seien aus dieser Zeitlichkeit abgerufen, während für uns die Zeit noch weiterlaufe. Darum könnten wir uns den Zustand des Totseins nicht vorstellen.

So einfach hier alles aufzugehen scheint, so wenig will uns diese Lösung befriedigen. Wir möchten trotz allem mit dem Lied sagen: „Was die lange Todesnacht mir auch für Gedanken macht ..." Sie macht uns eben Gedanken: Sind unsere Toten allein in dieser Nacht, oder sind sie in der Herrlichkeit? Als einer meiner liebsten Studenten im Krieg fiel, hörte ich seinen Vater beten: „Wenn es möglich ist, so grüße ihn." Ich habe dieses Gebet nicht vergessen. In ihm war in aller Kindlichkeit, ganz ohne Neugier und in innigem Glauben die Frage enthalten, wo der Vater seinen Jungen suchen solle.

Es gibt zu denken, dass die Bibel kaum über diesen Zustand der Toten spricht. Sie wird dafür ihre Gründe haben. In der Regel spricht sie nur von dem, was uns unmittelbar angeht. Sogar die sorgende Frage nach dem „anderen Tag" kann uns ja verboten sein;

wie viel mehr die Frage nach dem Übermorgen der Todesnacht! Alles konzentriert sich darauf, dass jetzt die angenehme Zeit sei; alles geht um den gegenwärtigen Augenblick: „Heute, so ihr seine Stimme höret, verstocket eure Herzen nicht!"

Als der Vater des großen Theologen Adolf Schlatter im Sterben lag, standen fromme Stundenbrüder um sein Lager und suchten ihn rührend und erbaulich zu trösten: „Bald wirst du in Zions goldenen Hallen sein und auf das kristallene Meer blicken, bald wird dich der Glanz am Throne des Lammes umhüllen." Und so redeten sie und ließen ihre fromme, aus ehrwürdigen Bildern der Bibel genährte Fantasie spielen. Da richtete sich der Sterbende noch einmal auf und fuhr sie an: „Lasst mich in Frieden mit dem Quark! Ich wünsche nur am Halse des Vaters zu hängen." Bloß dieses eine Bild, wie der Vater den verlorenen Sohn empfängt, wollte er gelten lassen.

Damit hat der Sterbende auf den wesentlichen Blickpunkt verwiesen. Er wollte nichts wissen von einem himmlischen „Milieu", von Kulissen des Jenseits und von Zions Gassen, sondern es ging ihm darum, dass er beim Vater geborgen sein und an der Stätte Frieden finden würde, die ihm sein Herr und Heiland bereitet hatte.

Genau das ist die Art des Fragens und Betrachtens, die die Bibel uns einüben will: Es geht nur und allein um die Gewissheit, dass die Gemeinschaft, die wir mit Jesus Christus haben dürfen, durch niemanden und nichts, auch durch den Tod nicht, unterbrochen werden darf. Und man muss einmal die Worte großer Gewissheit an sich vorüberziehen lassen, die die gewaltige Sprache der Bibel hier auszusagen weiß: dass weder Tod noch Leben mich von der Liebe scheiden dürfen, die sich mir ein für alle Mal verbunden hat; dass wir im Leben und im Sterben des Herrn sind; dass wir einen Bau im Himmel haben, wenn die Hütte unseres Erdenleibes zerfällt.

Immer ist es der eine Trostgedanke, der ständig wiederkehrt: Die Treue Gottes, mit der er uns umfängt und an sich zieht, hört auf keinen Fall auf. Es gibt keinen Augenblick, auch nicht den des Todes, in dem sie unterbrochen werden könnte.

Unsere Unsterblichkeit liegt also nicht in uns selbst. Sie besteht nicht in der Unzerstörbarkeit eines Seelenfunkens, dem Tod und Verwesung nichts anhaben könnten, sondern unsere Unsterblichkeit und unsere Immunität, unsere Unverletzlichkeit gegenüber dem letzten Feinde besteht nur in dieser Treue, die uns nicht fallen lässt. „Mit wem Gott einmal begonnen hat zu reden, es sei im Zorn oder in der Gnade", so kann Luther sagen, „der ist fürwahr unsterblich", der bleibt also für immer Teilhaber dieser Geschichte; mit dem redet Gott weiter in alle Ewigkeit. Was wir im Glauben schon jetzt erfahren und geschenkt bekommen – diese Gemeinschaft mit Gott –, bleibt auch unser Erbteil, wenn die Todesnacht kommt. Das bleibt uns treu. Seine Hand reckt sich auch in diesen Abgrund. Und zwischen mir und jeder Finsternis wird Jesus Christus stehen.

[II,177-179]

Nur eine Lache

Gorch Fock, der Seemann des Ersten Weltkrieges, hat einmal nach Hause geschrieben: „Wenn Ihr hören solltet, ich sei gefallen, so weinet nicht. Denkt daran, dass auch der Ozean, in dem mein Leib sterbend versinkt, nur eine Lache ist in der Hand meines Heilandes." Gorch Fock wusste, dass Sterben und Kummer nicht aufhören für die, die einen Heiland haben. Der Glaube dispensiert uns keineswegs von Schmerzen und Ängsten, die allem verordnet sind, was menschlich ist. Und wir Christen haben nicht die Verheißung, dass es uns leichter gemacht würde und dass Gott uns eine sturmfreie Etappe zur Verfügung stellte. Gorch Fock wusste, dass es schrecklich ist, mit einem torpedierten Schiff unterzugehen und von schwarzen, kalten Strudeln erwürgt zu werden. Aber er wusste noch mehr: Er glaubte daran, dass die bedrohenden und erwürgenden Elemente nur eine Lache in der Hand seines Heilandes seien. Und darum mochte er fallen, wohin immer, und mochte versinken wohinunter immer: Diese Hand seines Herrn war das Umfangende, war das Bergende schlechthin; und sie umschließt nicht nur den Versinkenden, sondern auch die Elemente selbst, in die er versinkt. Solange er auf diese Hand blickte, konnte es ihm in einem höheren Sinne gleichgültig sein, ob es über die Wellen ging oder ob sie ihn verschlangen.

[I,85f]

Wie die Träumenden

Einer der größten Philosophen unserer Zeit, einer der letzten großen Idealisten, wurde vor seinem Tode von den schrecklichsten Zweifeln heimgesucht: von dem Zweifel an sich selbst, an seiner Weltanschauung und auch an dem, was er als christlichen Glauben verstand und das er nicht völlig preisgeben wollte. Er hatte kurz zuvor das schreckliche Krebssterben seiner Frau erlebt und meinte, auch die Individualität des Menschen werde im Tode zerstört, es gebe nichts, was durch den letzten Zerfall des Organismus hindurchgerissen werde. Er fragte mich (wirklich mit dem Blick eines wunden Tieres): „Was bleibt mir eigentlich, was bleibt überhaupt?" Da sagte ich ihm das Wort von den geistlich Armen, unter die auch die Geistesfürsten eingereiht seien, und von den leeren Händen, die allein gesegnet werden könnten. Ich sagte ihm, wir Menschen können nicht sehen, was uns bleibt und was von uns übrig bleibt. Unser menschliches Bild mag zerbrechen und ins Nichts verschwinden. Wir sind geborgen allein bei dem, der an uns denkt und uns durch jene Todesnacht führt, die unser Blick nicht mehr durchdringt. Wir leben alle das Leben dieses Einen mit, den Gott von den Toten erweckte. Wenn das nicht stimmt, ist alles zu Ende.

Aber es ist kein Traum, sondern wir „werden sein wie die Träumenden", wenn das, was in seinem menschlichen Leben zeichenhaft aufblitzte, zum ewigen Licht geworden ist, das uns leuchtet. Unser zweifelndes Herz und unsere leeren Hände empfangen schon jetzt die segnende Berührung, die uns zu neuem Leben erweckt und uns die Gewissheit neuer Ufer und eines neuen Tages zuteilwerden lässt.

Wieder denke ich an jenen großen, verehrten Mann, dessen Händen alles Eigene entsank und der als „geistlich Armer" dem entgegenging, der ihn in der Todesnacht als sein Heiland erwartete.

[II,200f]

Abschied

Manchmal, wenn wir von einem geliebten Menschen Abschied nehmen, weil er auf eine weite Reise geht – gerade im Krieg war es oft so, wenn ein Soldat an die Front musste –, dann machen wir wohl miteinander aus, dass wir abends um eine bestimmte Stunde zu einem bestimmten Stern aufsehen, damit unsere Blicke sich im Unendlichen treffen und wir so durch den leuchtenden Punkt im Universum miteinander verbunden bleiben. So ist es auch bei der Verbindung mit unseren Toten. Wir wissen, wer der „Stern" ist, „auf den wir schauen" dürfen, wenn einer von uns seine letzte Reise antritt und aus dieser Zeitlichkeit scheidet. Wir wissen, in welchem Stern sich auch dann unsere Blicke kreuzen. Der eine schaut auf ihn aus dieser und der andere aus jener Welt. Denn dieser Stern leuchtet ja über beiden, weil Jesus Christus der Herr dieser und der zukünftigen Welt ist und weil er auch über dem „äußersten Meer" noch seine Wache hält.

Abgesehen davon gibt es keine Verbindung mit dem Entschlafenen. Doch dürfen wir ihm alles sagen, wozu unser Herz uns treibt: unsere Grüße und unsere bangen Fragen. Selbst unsere törichten Wünsche wird er nicht verschmähen. Und auch unser letzter Seufzer, den kein Mensch mehr versteht, wird an sein Herz dringen und von ihm angenommen werden.

[II,186]

Die letzte Heimkehr

Wer in Ewigkeit geborgen ist, braucht das, was die Zeit bringt, nicht mehr zu fürchten. Wer den Frieden hat, der höher ist als alle Vernunft, braucht keine Angst mehr zu haben vor dem, was seine Vernunft als schreckliche Möglichkeiten der Zukunft zusammenspekuliert und ihm einreden will. Wer sich geliebt weiß, stirbt nicht mehr am Hass der Menschen. Wer dem Fürsten des Lebens anhängt, ist kein Knecht des Todes mehr. Wer um den Lobgesang der Engel weiß, den schreckt das Feldgeschrei der Völker nicht mehr. Wer den kennt, der die Welt überwunden hat, ist den Gespenstern entronnen. Wer der Hand vertraut, die den „Enden der Erde" gebietet, der weiß, dass auch sein armes und schuldvolles Leben durch alle Wehen des Sterbens, durch Grab und Todesnacht sicher zum Jüngsten Tag und an des Vaters Thron geleitet wird, wo die Tränen aller Augen getrocknet werden und kein Leid mehr ist und kein Geschrei und wo der Tod nicht mehr sein wird, wo aber sein wird der Lobgesang der Verklärten: Gehe ein zu deines Herrn Freude!

Wenn wir im Namen dieser letzten Heimkehr leben, die uns Jesus Christus bereitet hat, und wenn wir im Namen dieser letzten Heimkehr alles, was uns treffen mag an Schmerz und Freude, als eine Heim-Suchung verstehen und als Bereitung auf diesen Tag – dann kann es nicht anders sein, als dass uns nun jeder

Sturm zu diesem Hafen treiben muss und dass uns auch der finsterste Talweg nur vor die Pforte des Vaterhauses führen kann. Das heißt dann: jeden Sturm bestehen können, einfach, weil der uns trägt, der in Ewigkeit bleibt und der das A und O ist.

Er, Jesus Christus, ist der Fels, auf dem ich stehe, die Hand, die nicht lässt, die Ewigkeit, die bleibt, und der Friede, der allen Streit dieser Welt umschließt – so, wie ein Vater die Hand seines fiebernden Kindes umschlossen hält.

[IV,239f]

Quellenverzeichnis

Am Ende jeder ausgewählten Textstelle befinden sich eine römische (Angabe des Bandes) und eine bzw. mehrere arabische Zahlen (Seitenangabe im jeweiligen Band). Die einzelnen Bände wurden wie folgt nummeriert:

I Und wenn Gott wäre ... Reden über die Frage nach Gott, Stuttgart 1980 (Taschenbuchausgabe)

II Woran ich glaube. Der Grund christlicher Gewissheit, Stuttgart 1980 (Taschenbuchausgabe)

III Das Bilderbuch Gottes. Reden über die Gleichnisse Jesu, Stuttgart 1980 (Taschenbuchausgabe)

IV Das Leben kann noch einmal beginnen. Ein Gang durch die Bergpredigt, Stuttgart 1980 (Taschenbuchausgabe)

V Das Schweigen Gottes. Glauben im Ernstfall, Stuttgart 1988 (Taschenbuchausgabe)

VI Das Gebet, das die Welt umspannt. Reden über das Vaterunser aus den Jahren 1944/45, Stuttgart 1980 (Taschenbuchausgabe)

VII Das Lachen der Heiligen und Narren. Nachdenkliches über Witz und Humor, Stuttgart 1988 (Taschenbuchausgabe)

VIII So sah ich Afrika. Tagebuch einer Schiffsreise, Stuttgart 1986 (Taschenbuchausgabe)

IX Vom geistlichen Reden. Begegnung mit Spurgeon, Stuttgart o.J. (Taschenbuchausgabe)

X Auf dem Weg zur Kanzel. Sendschreiben an junge

Theologen und ihre älteren Freunde, Stuttgart 1983 (Taschenbuchausgabe)

XI Wie die Welt begann. Der Mensch in der Urgeschichte der Bibel, Stuttgart 1980 (Taschenbuchausgabe)

XII Glauben als Abenteuer. Unsere Lebensfragen im Lichte biblischer Texte, Stuttgart 1980

XIII Vom Schiff aus gesehen. Tagebuch einer Ostasienreise, Stuttgart 1986 (Taschenbuchausgabe)

Lebensstationen Helmut Thielickes

Am **4. Dezember 1908** wird Helmut Thielicke in Wuppertal-Barmen geboren.

1936 Dozent für Systematische Theologie in Erlangen, Professor in Heidelberg

1940 Gewaltsame Absetzung durch das NS-Regime wegen Zugehörigkeit zur Bekennenden Kirche

1941 Gemeindepfarrer in Ravensburg. Zeitweilig totales Rede- und Reiseverbot

1942–1945 Leiter des Theologischen Amtes der Württembergischen Landeskirche in Stuttgart

1945 Professor in Tübingen

1951 Rektor der Universität Tübingen

1954 Berufung an die Universität Hamburg

1960/61 Rektor der Universität Hamburg

1968 Gründung der „Projektgruppe Glaubensinformation" mit Hinrich C. G. Westphal

1974 Beginn des Ruhestandes

Am **5. März 1986** stirbt Helmut Thielicke in Hamburg.